科学全知道

爱因斯坦的探索之旅

［英］罗伯特·斯奈登◎著　关越◎译

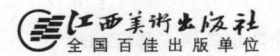

江西美术出版社
全国百佳出版单位

图书在版编目（CIP）数据

爱因斯坦的探索之旅 /（英）罗伯特·斯奈登著；关越译. -- 南昌：江西美术出版社, 2019.8（2022.11重印）
（科学全知道）
ISBN 978-7-5480-7122-8

Ⅰ. ①爱… Ⅱ. ①罗… ②关… Ⅲ. ①科学知识－普及读物 Ⅳ. ① Z228

中国版本图书馆 CIP 数据核字 (2019) 第 102387 号

江西省版权局著作权版权登记号：14-2019-0172
The 15 Minute Scientist
Copyright©Arcturus Holdings Limited
本书中文简体版权经由锐拓传媒取得 Email:copyright@rightol.com

出 品 人：周建森
责任编辑：廖 静
责任印制：谭 勋

科学全知道
爱因斯坦的探索之旅

［英］罗伯特·斯奈登 著　关越 译

出　版	江西美术出版社
地　址	江西省南昌市子安路 66 号
网　址	www.jxfinearts.com
电子信箱	jxms163@163.com
电　话	0791-86566274
邮　编	330025
经　销	全国新华书店
印　刷	天津融正印刷有限公司
版　次	2019 年 8 月第 1 版
印　次	2022 年 11 月第 2 次印刷
开　本	880 毫米 ×1230 毫米　1/32
印　张	9
书　号	978-7-5480-7122-8
定　价	45.00 元

本书由江西美术出版社出版。未经出版者书面许可，不得以任何方式抄袭、复制或节录本书的任何部分。
版权所有，侵权必究
本书法律顾问：江西豫章律师事务所　晏辉律师

前言

爱因斯坦是谁？

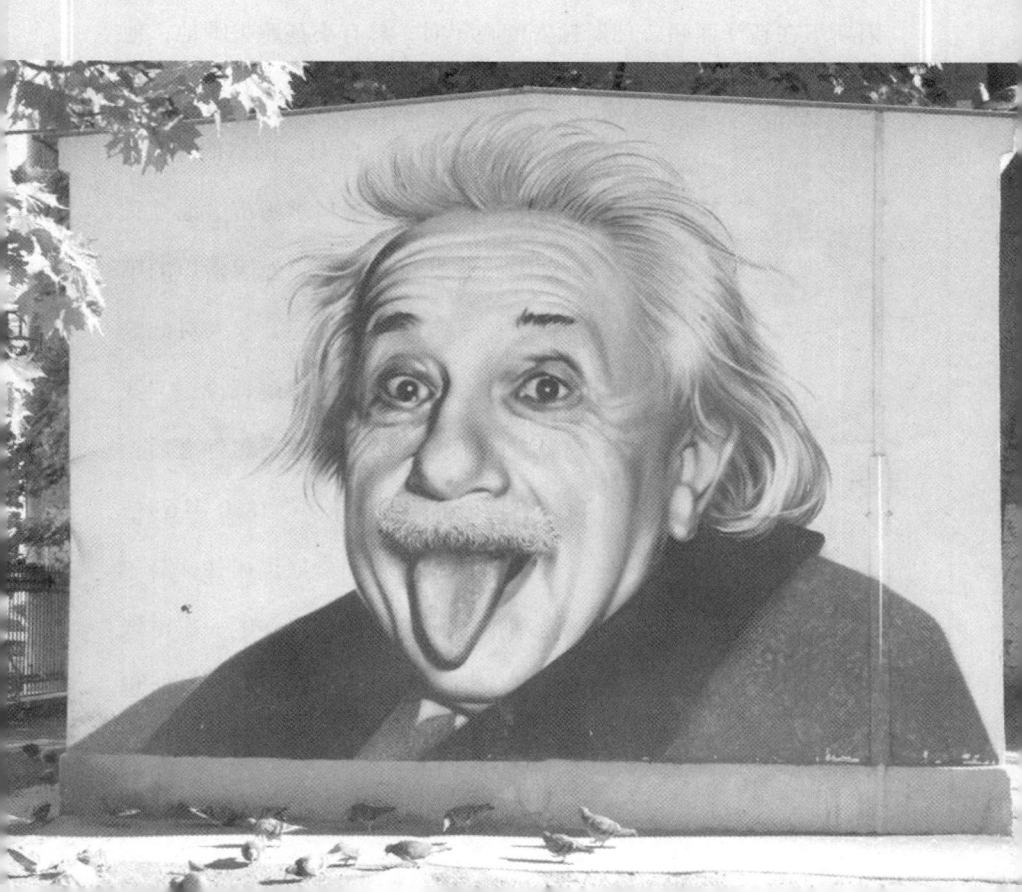

"既然大家都不懂我,那又为什么喜欢我?"
——爱因斯坦,出自 1944 年 3 月 12 日纽约时报采访

在所有人心目中,科学家就应该像阿尔伯特·爱因斯坦那样:顶着一头乱糟糟的头发,成天思考些常人无法理解的问题,每次还都叼着烟斗,出神地喷着烟圈。爱因斯坦是个天才,也无疑是有史以来最伟大的科学家之一,他也有很常人的一面。据传,爱因斯坦在新泽西州普林斯顿安度晚年时,总有小孩跑去瞧他,他也会摇头摆耳地逗弄他们。

1879 年 3 月 14 日,阿尔伯特·爱因斯坦出生在德国乌尔姆市,他是犹太夫妇波琳与赫尔曼·爱因斯坦的第一个孩子。他说话很晚,家人对此颇为烦恼。后来爱因斯坦解释说:"我思考时不爱说话,我总是想好之后,才会用语言表达出来。" 1880 年 6 月,爱因斯坦一家搬到慕尼黑居住,赫尔曼和他的兄弟雅各布成立了一家电气工程公司。1881 年 11 月,爱因斯坦

爱因斯坦与妹妹玛娅

的妹妹玛娅出生。第一次见到妹妹时，爱因斯坦惊呼道："好可爱，可是她是从哪来的呢？"

爱因斯坦四五岁时，有次卧病在床，他的父亲送给他一个指南针。看到指南针在某股神秘力量的作用下左右摇摆，爱因斯坦十分入迷。其后的岁月里，爱因斯坦多次提到：那个指南针一直留在他的记忆深处，激起了他对世界的好奇心。

爱因斯坦的母亲是一名技艺精湛的钢琴家，1885年，她开始着手让爱因斯坦学习小提琴，由此引发了爱因斯坦对音乐的热忱，并贯穿了他的一生。很快，母子俩就可以一起演奏莫扎特二重奏了。

同年，爱因斯坦进入慕尼黑一家天主教学校开始他的小学生涯，他的成绩始终名列前茅。有关爱因斯坦数学成绩差的故事总是时不时地被人翻出来，但这完全是无稽之谈。1935年，爱因斯坦听说了这个故事，他笑称自己的数学从没有不及格过，不仅如此，他的数学在班里经常是数一数二的。

"15岁以前，我就已经熟练掌握微积分了。"爱因斯坦说。

1894年6月，爱因斯坦一家迁往意大利，而15岁的爱因斯坦为了完成学业留在了慕尼黑。对家人的思念让爱因斯坦变得阴郁，他从家庭医生那开了一张精神紊乱证明便退了学。1895年的春天，爱因斯坦前往意大利与家人团聚。

1895年10月，爱因斯坦参加了苏黎世理工学院入学考试。尽管他的数学和理科成绩不错，但综合成绩并不理想，最终还是落榜。爱因斯坦转而就读于阿劳中学，他需要获得高中毕业证书才可以继续申请理工学院。1896年1月，爱因斯坦宣布放弃德国国籍，同年秋天，他拿到了瑞士的居留许可，并通过考试成为苏黎世理工学院的学生。那时的爱因斯坦对自己的人生规划是毕业后成为一名数学和物理老师。之后，他正式申请入籍瑞士，并于1901年2月21日获得批准。

1900年，爱因斯坦大学毕业，开始了求职之路。他申请了理工学院和其他大学的助理职位，但都落选。1901年4月，爱因斯坦在温特图尔的一所高中找到了一份两个月的临时代课工作。没多久，他又在沙夫豪森一家私立学校找到临时工作。在此期间，他就气体动力学理论撰写了一篇博士论文，但并未通过审核。

1902年，爱因斯坦移居瑞士首都伯尔尼，希望能在专利所谋得一个职位。在求职的那段时间，爱因斯坦不得不靠做私人数学和物理教师谋生。

1902年底，爱因斯坦得知父亲在米兰身染重病，立刻前往米兰看望父亲，经过长谈，父亲终于在临终前同意了他与米勒娃·玛丽克的婚事。米勒娃是爱因斯坦在苏黎世理工学院的同学，两人热恋多年，却因各自家庭的阻挠未能成婚。1903年1月6日，在双方家庭仍处于顾虑的情况下，爱因斯坦与米勒娃完婚。1904年5月，两人的第一个儿子汉斯·阿尔伯特出生，1910年7月，二儿子爱德华也来到了这个世界。

不过，在爱因斯坦去世多年后的1986年，因一封私人信件的公之于众，大众终于得知，就在1902年1月，米勒娃曾为他诞下一个女儿，取名莉塞尔。显然，爱因斯坦从未向家人和朋友透露有关这个孩子的任何信息，他也从未见过这个女儿（莉塞尔出生在米勒娃匈牙利的家中）。因此有关这个女儿的生平外界一直不得而知，爱因斯坦本人也从未承认过她的存在。据推测，很有可能是这对父母放弃了抚养权，又或者孩子在婴儿期便不幸夭折。

1902年6月16日，爱因斯坦得到了伯尔尼专利所三等技术员的职位。

爱因斯坦很喜欢专利所的工作，做得很用心。除此之外，他还抽时间进行物理方面的研究。多年后，爱因斯坦曾与朋友米歇尔·贝思回忆起那段日子："专利所就像一个临时修道院，我的很多奇妙观点都在那里萌发，那时我们多快乐。"

1905 年 4 月，爱因斯坦向苏黎世大学递交了博士论文，名为《分子大小的新测定法》（*A New Determination of Molecular Dimensions*），论文在 7 月份通过审核。此后，爱因斯坦的新观点不断涌现，仅 1905 年一年的发现就足以深刻地改变整个科学界，这一影响至今无人企及。

我们可以通过爱因斯坦发表的文章梳理出他在"奇迹 1905 年"所取得的卓越成果。

《关于光的产生和转化的一个启发性观点》（*On A Heuristic Point of View Concerning the Production and Transformation of Light*），3 月 17 日完成。

（这是一篇有关光子和光电效应的论文，最终为爱因斯坦赢得了诺贝尔物理学奖，写于博士论文之前。）

《分子大小的新测定法》（*A New Determination of Molecular Dimensions*），4 月 30 日完成。

（这是爱因斯坦的博士论文，也是其论文中被现代科学文献引用最多的一篇。）

《热的分子运动论所要求的静液体中悬浮粒子的运动》（*On the Motion Required by the Molecular Kinetic Theory of Heat of*

Particles Suspended in Fluids at Rest），5月11日提交。

（这是爱因斯坦有关布朗运动的一篇论文，是其博士论文的续篇。）

《论动体的电动力学》（On the Electrodynamics of Moving Bodies），6月30日提交。

（这是第一篇有关狭义相对论的论文。）

《物体的惯性同它所含的能量有关吗？》（Does the Inertia of a Body Depend upon its Energy-Content?），9月27日提交。

（有关狭义相对论的第二篇论文，其中包括著名的 $E=MC^2$ 等式。）

《关于布朗运动的理论》（On the Theory of Brownian Motion），12月19日提交。

（本篇为布朗运动论文的续篇。）

1906年4月，爱因斯坦升任专利所二级技术员。1907年，爱因斯坦第一次申请伯尔尼大学的教授职位，但未被录取。1908年初，爱因斯坦成功被录取，并在年底开始了自己的教师生涯。1909年10月，爱因斯坦辞掉了专利所的工作，决定要将一生献给科学。同时，他入职苏黎世大学，成为该校理论物理系副教授。1911年，位于布拉格的德国大学邀请爱因斯坦前去任教，爱因斯坦欣然前往，但一年之后，他又回到苏黎世理工学院担任教授。

鉴于爱因斯坦卓越的研究成果，物理学家马克斯·普朗克邀请他到伯尔尼大学担任教授，且不用承担任何教学任务，同时帮助他加入普鲁士科学院，并担任筹建中的威廉皇帝研究院院长。面对如此诱人的邀约，爱因斯坦欣然答应，于1914年4月携全家前往柏林。

但爱因斯坦的婚姻却不像事业那样顺利。1914年7月，仅在柏林待了几个月后，米勒娃便带着孩子回到了苏黎世，1919年2月，这对夫妇最终离婚。1917年至1920年间，爱因斯坦身患重病，身体非常虚弱。当时，爱因斯坦的表妹艾尔莎·洛文塔尔一直照顾他，两人于1919年6月2日结婚。艾尔莎与前夫育有两个女儿，伊尔斯和玛格瑞特。查理·卓别林曾在1931年见过艾尔莎，将其形容为一个充满活力的方脸女人，从不遮掩自己爱因斯坦妻子的身份，反而很享受，很坦然，体内仿佛有用不完的热情。

1909年至1916年间，爱因斯坦一直在努力创作广义相对论，这本著作最终于1916年3月出版，更名为《广义相对论基础》（*The Foundation of the General Theory of Relativity*）。这一理论推测某一遥远星体发出的光在通过太阳等大型天体时，受其磁场影响，该光线会发生弯曲。1919年，英国科学家亚瑟·斯坦利·爱丁顿在一次日全食观测中发现了太阳附近曲的光线，证实了爱因斯坦的预测。时任皇家学会会长的约瑟夫·约翰·汤姆森宣布这一预测为"牛顿之后，万有引力理论最重要的发现，而且是人类思考最伟大的成果之一"。

自第一次世界大战以来，爱因斯坦一直公开为和平主义发声，这也成了他毕生的牵挂。但他的立场却遭到排挤，柏林战区司令禁止包括爱因斯坦在内的所有和平主义者上街。广义相对论让爱因斯坦走入了公众视野，一时间，来自世界各地的邀约和荣誉纷至沓来，但显赫的名声并不见得一定是好事，爱因斯坦因此遭到了反犹太主义分子的迫害，甚至很多德国诺贝尔奖得主都公开反对爱因斯坦，主张所谓的"德意志物理学"。

20世纪20年代初，爱因斯坦深受德国动荡时局影响。1921年，他和艾尔莎开始了历时五个月的海外之旅。爱因斯坦说："那时在德国待着只会让我越来越生气，所以有机会能暂时离开，我很高兴。"在旅途中，爱因斯坦得知自己荣获当年的诺贝尔奖。

1920年，爱因斯坦开始尝试将万有引力与电动力学结合起来，形成统一场论，这也成了爱因斯坦余生所求，但最终并没有成功。当时，尼尔斯·亨利克·戴维·玻尔、路易·维克多·德布罗意、沃纳·卡尔·海森堡、沃尔夫冈·保利及其他物理学家正为新兴物理学分支量子力学奠定基础。爱因斯坦无法接受量子力学理论，一直在试图挑战它。

1933年，爱因斯坦访问美国

目 录

第一章
001 / 宇宙运行有规律吗？

第二章
014 / 光是什么？

第三章
027 / 光波如何在空间中传播？

第四章
033 / 爱因斯坦是如何探索量子的？

第五章
041 / 爱因斯坦的光电效应理论是什么？

第六章
049 / 爱因斯坦是如何证明原子与分子的存在的？

第七章
058 / 爱因斯坦的狭义相对论是什么？

第八章
071 / 爱因斯坦是如何认识时间的？

第九章
081 / 爱因斯坦是如何解释洛伦兹—菲茨杰拉德收缩的？

第十章
089 / 什么是时空？

第十一章
100 / 为什么能量等于质量乘以光速的平方？

第十二章
112 / 爱因斯坦是如何用相对论解释引力的？

第十三章

126 / 有关引力的本质,爱因斯坦怎么说?

第十四章

137 / 日食如何证实了爱因斯坦的理论?

第十五章

148 / 如果爱因斯坦是对的,那么牛顿就错了吗?

第十六章

156 / 为什么相对论没有为爱因斯坦赢得诺贝尔奖?

第十七章

168 / 爱因斯坦最大的失误是什么?

第十八章

181 / 爱因斯坦相对论中的哪些观点是错误的?

第十九章

192 / 相对论是如何推导出宇宙大爆炸理论的?

第二十章

207 / 上帝会掷骰子吗?

第二十一章

228 / 爱因斯坦与玻尔,谁赢了?

第二十二章

243 / 爱因斯坦是"原子弹之父"吗?

第二十三章

256 / 我们能否找到万有理论?

第一章

宇宙运行有规律吗？

自从人类开始思考，他们便一直在探索宇宙的运行规律，下面是他们的一些看法。

天体音乐

出生于公元前 427 年的大思想家柏拉图曾宣称，天空是完美的，恒星和行星均是在完美的球体上沿着完美的曲线运动。他认为，这些球体在转动时会产生音乐。

这个观点一直持续了几个世纪。

但问题在于，天体的运行与观天人眼中所见的"证据"其实并不相符。

很多星星的运行方式十分怪异，在其他星星沿"固定"轨迹运转时，有的星星看上去却正好与它们反方向运行，有时它们甚至在自己的轨道上逆行，但不久便又回归正常。希腊人把这些行星称为"漫游星"，而现在我们称其为"行星"。

为了解释行星的运动，古希腊人编造出各种各样复杂的宇宙模样，比如一些天体在另一些天体中运动，后者又处于更多的天体中，所有天体都沿着略微不同的方向旋转。

大约公元 100 年前，天文学家托勒密绘制出了天体图，图中显示宇宙中栖居着无数个球体，而地球是宇宙的中心。在之后的

1400年里，这一观点一直处于主流地位，原因就是它确实是有用的。根据这一天体体系，人们可以准确推测出一颗行星在某一时间的位置。

天体运行论

1543年，《天体运行论》这一划时代的著作推翻了托勒密的观点，将天文学界从昏睡中惊醒。在更早的1507年，波兰天文学家、数学家尼古拉·哥白尼发现自己的观点与1800年前阿利斯塔克的观点不谋而合。他认为太阳是宇宙的中心，地球和其他行星都围绕太阳运动，如果这一想法成立，那很多有关行星运行的谜

> **超前推断**
>
> 约公元前260年，天文学家阿利斯塔克曾宣告，地球并非宇宙的中心，太阳才是。如此，即便不诉诸球体诡计论，也可以解释行星的运动。恒星距离地球无限遥远，它们看上去在运动是因为地球在恒星下面旋转。在当时，如此先见之明还太过超前，因此并未得到重视。

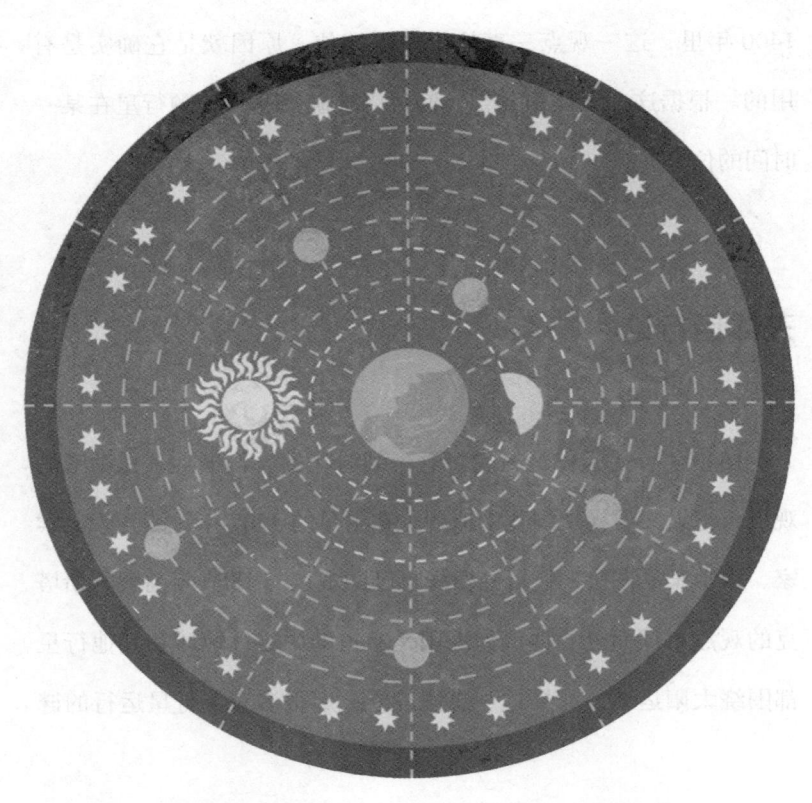

《天体运行论》假想图

题都将迎刃而解,因为地球比火星、木星、土星距离太阳近,且地球运行轨道小、速度快,所以有时地球会超过这三个行星。这时,从地球上看,这三个行星就呈现逆行的状态。

想象一下,如果之前我们一直坚信地球是宇宙中心,而现在有人告诉我们这种论点是错误的,那我们会是一种什么样的心情?

不难猜测，这在当时不是一个广受大众欢迎的说法，更何况当时的教会拥有着巨大的权力。

那时，人人都知道与教会为敌必不会有好下场，在未得到哥白尼允许的情况下，《天体运行论》在发表时增加了一篇引言，表示书中的革命性观点并不一定准确。1616年，《天体运行论》被天主教会列为禁书，直到1835年才解禁。

哥白尼的日心模型虽未得到迅速传播，但他依然认为宇宙由完美的球体构成，只不过其中心不是地球。到了17世纪初，德国天文学家约翰尼斯·开普勒通过仔细观察得出了轰动性的结论——行星的运行轨迹并非完美

的正圆，而是扁平的圆形，也就是椭圆形。这是继伽利略发现木星的卫星后，开普勒进一步发现卫星们也是沿椭圆轨迹围绕着这颗巨大的行星运动。

由此，开普勒提出了行星运动的三大定律，解决了行星如何运动的问题，但行星为何运动的问题却一直悬而未解。开普勒也试图找到这背后的作用力，他认为应该与磁力和太阳有关系，但一直未找到令人满意的解释。50年后，艾萨克·牛顿的地心引力观点给出了答案。

牛顿

在爱因斯坦之前，人类对于宇宙中物体运动的认识全部基于科学家艾萨克·牛顿的理论。牛顿在苹果园的故事已经被重复了很多遍，但当时牛顿的脑子里一直在思考的问题实际是：为什么月亮不会像苹果一样掉在地球上呢？只有天资卓越的人才敢回答这个问题——月亮确实在朝地球掉落。

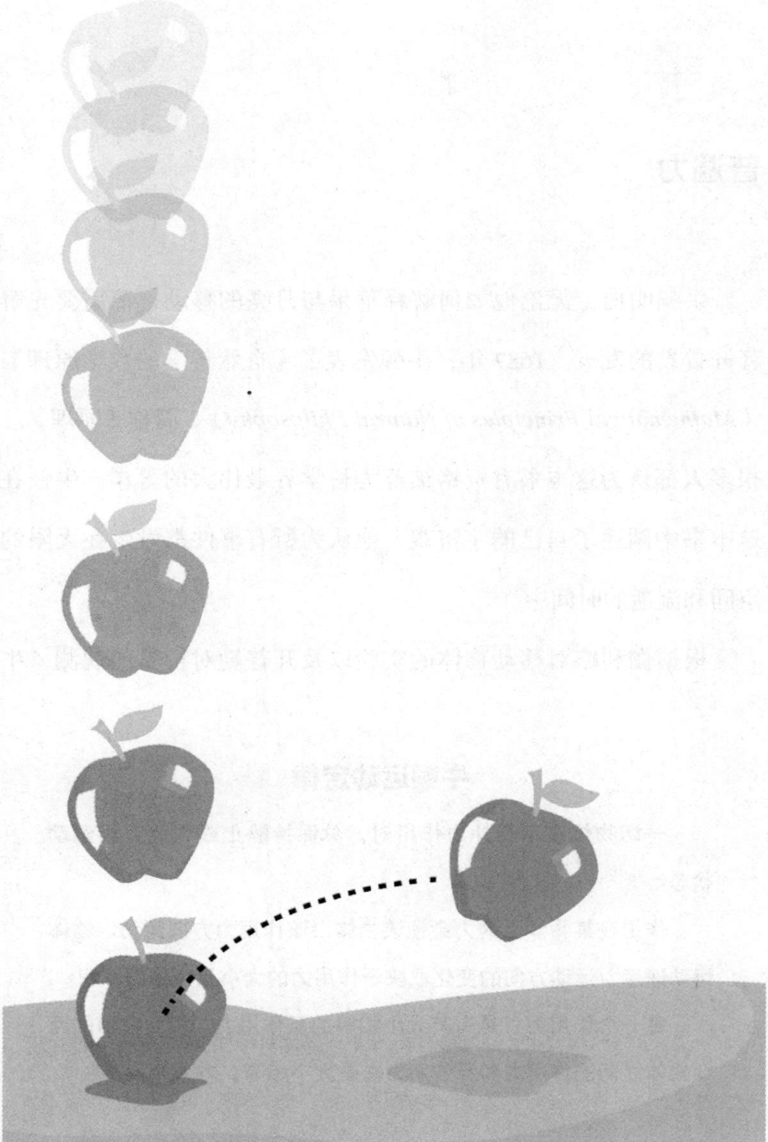

普遍力

牛顿明白，无论他如何解释苹果与月亮的移动，都需要先解释开普勒的发现。1687 年，牛顿发表了《自然哲学的数学原理》（*Mathematical Principles of Natural Philosophy*），简称《原理》。很多人都认为这本书有资格被尊为科学界最伟大的著作。牛顿在这本书中阐述了自己的宇宙观，他认为所有事件都发生在无限的空间和流逝的时间中。

根据伽利略对移动物体的实验以及开普勒对行星的观测，牛

牛顿运动定律

一切物体在不受外力作用时，总保持静止或匀速直线运动状态。

作用在某物体上的力会使该物体沿该作用力方向运动。物体运动速度、运动方向的变化取决于作用力的大小及物体的体积。

每一个作用力总是有其大小相等的反作用力。相互作用的两个物体之间的作用力和反作用力总是大小相等，方向相反。

顿提出了他的运动三定律和万有引力理论。

牛顿断定任意两个物体间都存在引力,引力大小取决于物体体积及物体间的距离。引力遵循平方反比定律,即引力大小与距离平方成反比。因此,如果两物体间距离为之前的两倍,则物体间引力减小为之前引力的四分之一。如果为原距离的五倍,则引力减小为之前的二十五分之一。

牛顿运动三定律和万有引力定律似乎可以解释宇宙间万物的运动,也为开普勒的行星运动定律以及苹果的坠落提供了解释。时间、体积和距离这三个数值是一切科学学科的基础,牛顿就是由这三个变量得出了自己的定律。由某一物体运动的距离和时间可以得出其运动速度(沿某一方向的运动速度)。质量是指某一物体包含多少物质,由此我们可以知道移动该物体需要多少力。质量乘以速度可以得到该物体的动量,即该物体一旦移动,我们需要多大的力才能阻止其运动。

牛顿实验图

绝对时空

牛顿认为，时间和空间是绝对的，宇宙这幕大戏就是以此为舞台展开，沧海桑田，舞台依旧。我们习惯用天、月和年来衡量

宇宙炮弹

炮弹的轨迹由两个力决定，引力和大炮发射炮弹时的推力，在这两个力的作用下，炮弹会沿曲线回落到地面上。假设大炮推力足够大，炮弹运动曲线的弧度与地球的弧度相同，炮弹会绕地球运动，虽然一直在下降，但永远都不会落到地上（要使这一结论成立，我们还需要假设不存在空气阻力致使炮弹减速）。这样，炮弹便成了轨道中的一颗卫星。正是基于这个原理，我们才得以将真正的卫星送入轨道，只不过推送工具不是大炮而是火箭。月球就像一颗宇宙炮弹，永远围绕地球在其轨道中坠落。

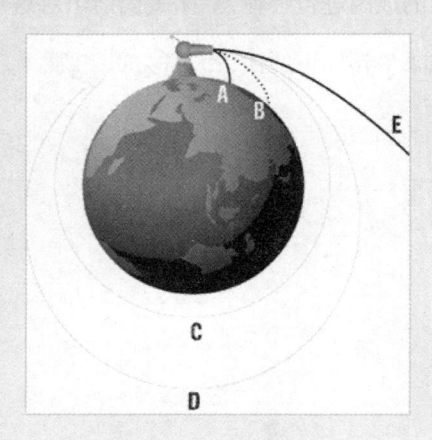

时间的流逝，牛顿认为这些都是普通时间，虽然很实用，但绝不能与"绝对"时间混淆。他认为"绝对时间"完全脱离空间、事件存在，以稳定的速度在整个宇宙中滴答滴答地流逝。你的一秒与我的一秒完全一致，不论我们在宇宙的哪个角落，也不论我们在做什么。

牛顿认为空间也是绝对的，我们可以标志出任一物体在绝对空间中的绝对位置，好像宇宙就是一副三维绘图纸，宇宙万物都有自己的位置。但和绝对时间一样，没有人能说清绝对空间究竟是个什么。

200年间，牛顿的定律无人挑战，它们在日常生活中很实用，可以帮助我们计算物体的运动和引力的影响。但牛顿并没有对引力的成因进行解释，后来爱因斯坦对这个问题提出了自己的看法，如果牛顿知道的话，大概会吓一跳。

地球飞过
2013.10.09

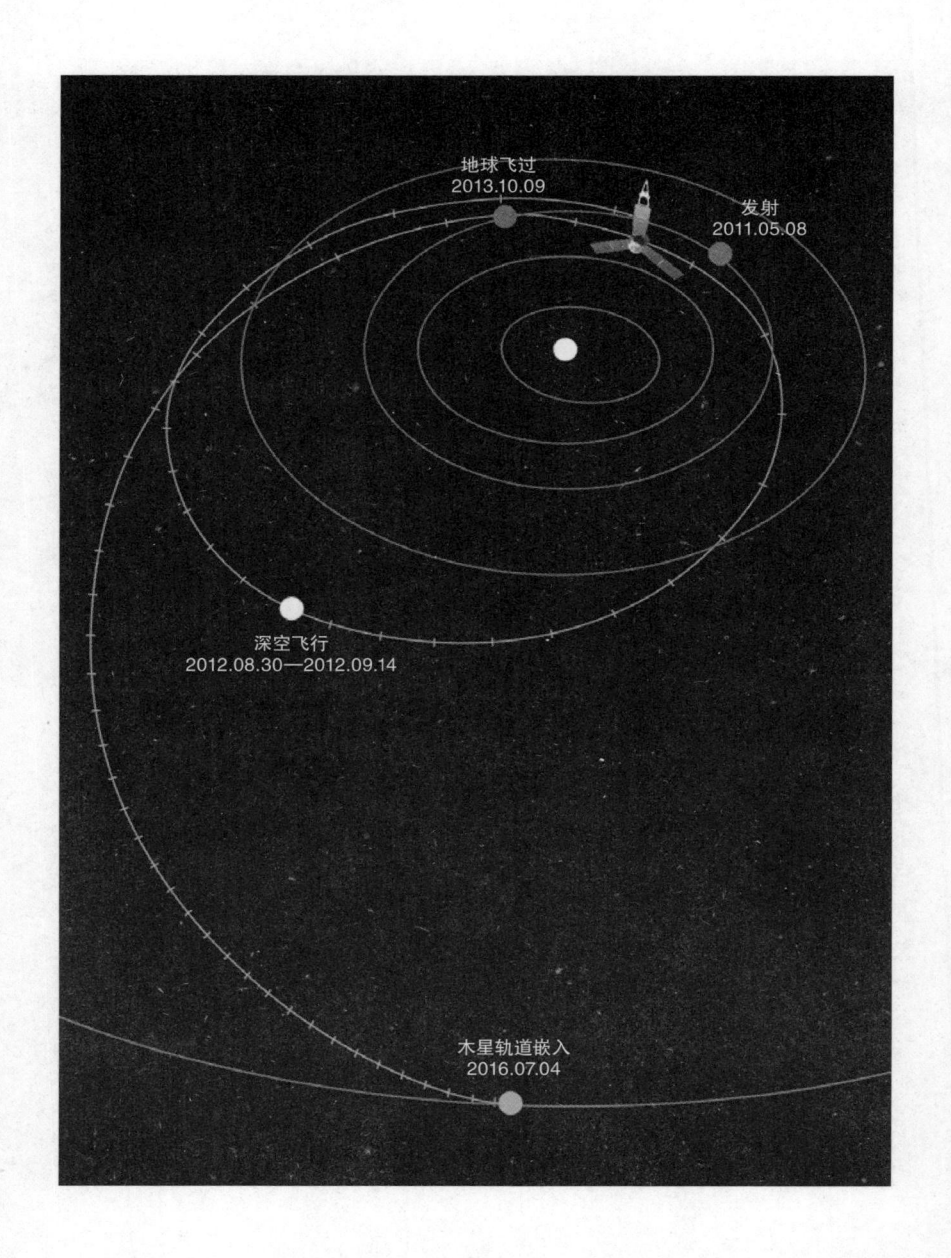

发射
2011.05.08

深空飞行
2012.08.30—2012.09.14

木星轨道嵌入
2016.07.04

第二章

光是什么?

对光本质的探究支撑起了爱因斯坦的大部分理论,但光究竟是什么呢?

光的本质是爱因斯坦著作的核心。数百年来，人们都在试图解释许多与光有关的现象。古希腊人绝对是这方面的先驱。公元前6世纪，古希腊哲学家毕达哥拉斯认为光是一种微妙的触感，眼睛能够产生无形的射线，帮助我们感知物体。另一位古希腊哲学家德谟克利特则认为物体可以持续发出自身影像，从而让人类感知。

毕达哥拉斯肖像

但这两种观点有同一个明显漏洞：为什么我们晚上看不清楚呢？对此，柏拉图提出，眼睛散发出的光必须与太阳光混合之后，人才能看见。亚里士多德认为，物体只有被照亮之后才能被看到，但很多人认为这个解释太过简单，不足以回答那个问题。

波还是颗粒？

古希腊人不仅对光的源头众说纷纭，对光的本质也有很多相左的观点。亚里士多德认为宇宙由以太填充，以太是一种透明的、探查不到的物质，而光就是以太中的一种阻碍物，它在以太中以波的形式传播，就像海水中的波浪。另一种观点认为，光是一连串的微小颗粒，这些颗粒非常细微，单个很难被观察到。

柏拉图和亚里士多德均反对颗粒论，因此在之后的2000多年中，人们普遍接受光以波的形式传播。

让光普照……

阿拉伯物理学家阿尔哈曾（965—1039）终结了眼睛可以发射光束的观点。他最终让大家接受，我们能看见物体只可能出于两个原因，一是物体反射某一光源的光，二是这些物体本身就是光源，无论它是蜡烛还是太阳。

英国学者罗伯特·格罗斯泰特（约 1168—1253）读过阿尔哈曾的著作后，自己做了一些实验。他认为整个宇宙都是从光开始形成的，光先于万物被创造出来，起初它只是一个光点，后不断扩大形成一个圈，包含了万物和最初的那个光点。这在当时是一个很超前的观点，和现代的宇宙形成理论有共通之处。

罗格·培根

罗格·培根是一名英国僧侣，也是格罗斯泰特的学生，他继承了格罗斯泰特对光研究的热忱。据记载，培根是首位现代科学家，他十分重视实验的重要性，这些实验包括通过镜片进行光的折射与聚合，而且培根还是最早提出通过佩戴眼镜来调节视力的人。

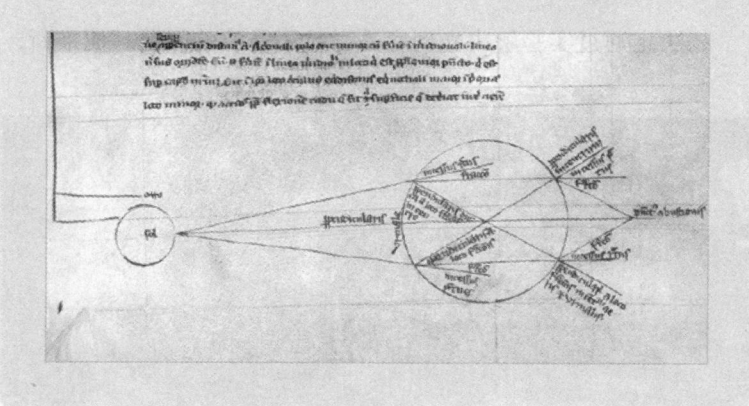

微粒或是波？

艾萨克·牛顿不仅在物体运动和引力领域著作颇丰，他本人对光也非常着迷，并做了很多实验，对光的本质也有自己独到的解读。他发现白光在通过棱镜后会形成七色光，也就是光谱。他还发现光沿直线传播，影子有很清晰的边缘。显然，牛顿认为光是一串微粒，而非一种波。

物理学家托马斯·杨（1773—1829）对光有不同的解读。杨才华横溢，他剑桥大学的同学甚至称他为"现象级"天才。

杨决定通过实验解决光到底是微粒还是波的问题。他推断，

托马斯·杨在进行光实验

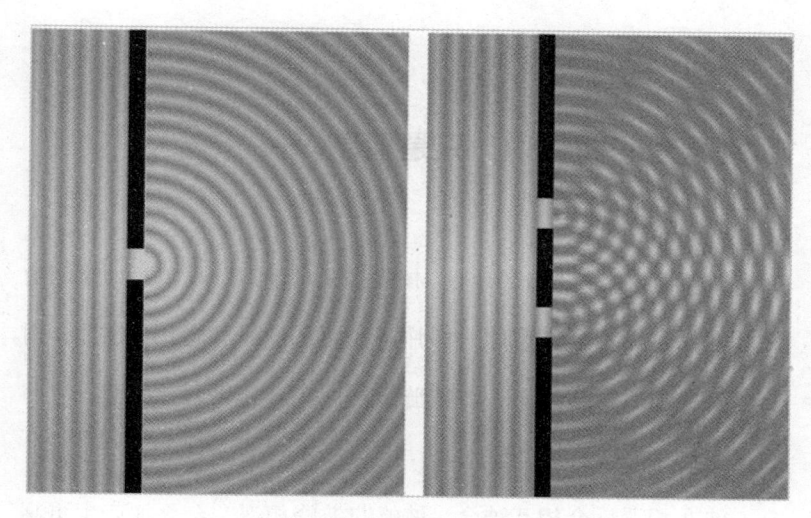

托马斯·杨光实验图谱

如果光的波长足够短,光也会沿直线传播,看起来好像就是一串微粒。1803年,杨用一个很简单的实验有力地证明了自己的观点。

首先,杨在百叶窗上剪出一个小孔,作为点光源。然后,他在一个纸板上剪出两个位置相距很近的小孔,将纸板放到百叶窗后,使透过百叶窗小孔的光能够穿过纸板上的两个小孔,并投射到后面放置的屏风上。如果牛顿是正确的,光就是一串微粒,那光在穿过两个小孔后,屏风上应该显示有两个光点。

那么杨到底看到了什么?

暂别舞台的微粒说，只是暂别……

两年前，也就是1801年，杨提出了"干涉"现象：如果两道波相遇，它们不会像桌球一样弹开，而是会穿过彼此。比如，雨点落在水塘后，会激出一波波涟漪，这些涟漪相遇、相交，按照自己的纹路继续向外扩散。

波在相遇后会相互结合。波峰与波峰相遇，会叠加产生更高的波峰；波谷与波谷相遇，会产生更深的波谷；波峰与波谷相遇则会互相抵消。干涉就是指波与波之间相互叠加与抵消的规律，这就是杨在屏风上看到的现象。

出现在屏风上的并非两个光点，而是一圈圈被黑线隔开的弧形色带，这恰恰与杨的预期吻合。但是，这个实验并不足以推翻伟大的牛顿，因此杨的发现并没有被人们广泛地接受。

问题依然没有答案。光到底是什么？如果光真的是波，它又是如何在空间里传播的？这个问题到了后期，揭开的关键竟然源自一个看似与题目毫无关联的力电研究。

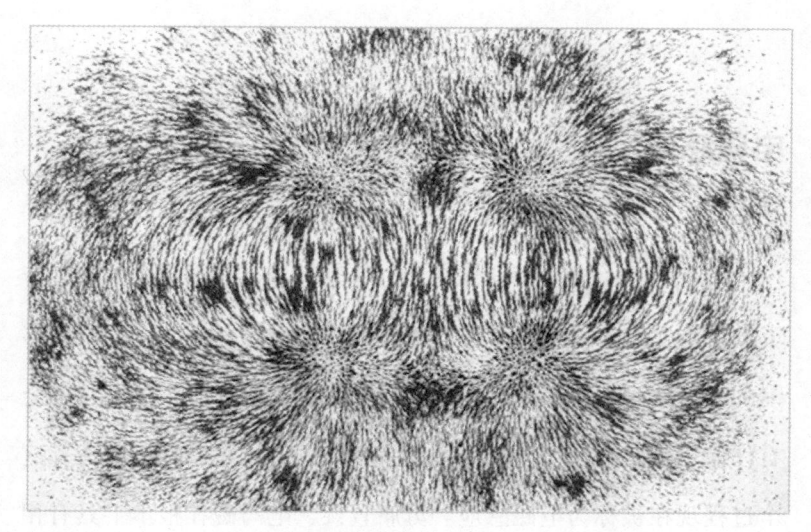

电磁干涉粒子图

电磁的奥秘

进入 19 世纪后,科学家们对电有了更多的认识,其中之一便是电与磁的密切关系。1820 年,丹麦科学家汉斯·克里斯蒂安·奥斯特发现带电金属丝可以让指南针指针发生偏转。法国科学家安德烈·玛丽·安培(他以自己的名字命名了电流基本单位)做了更深的探索,他发现当两个带电金属丝靠近时,如果电流方向相同,则金属丝相互排斥,如果方向相反,则相互吸引,和磁铁一模一样。

电磁感应

19世纪初,英国科学家迈克尔·法拉第(1791—1867)进行了数百个实验,他发现就像电流可以产生磁性一样,在线圈中移动的磁铁也可以产生电流。磁铁必须是移动的,静止的磁铁不会有任何反应。电流可以形成磁场,移动的磁铁可以产生电流,这个过程现在被称为电磁感应。毋庸置疑,电与磁在根本上具有相

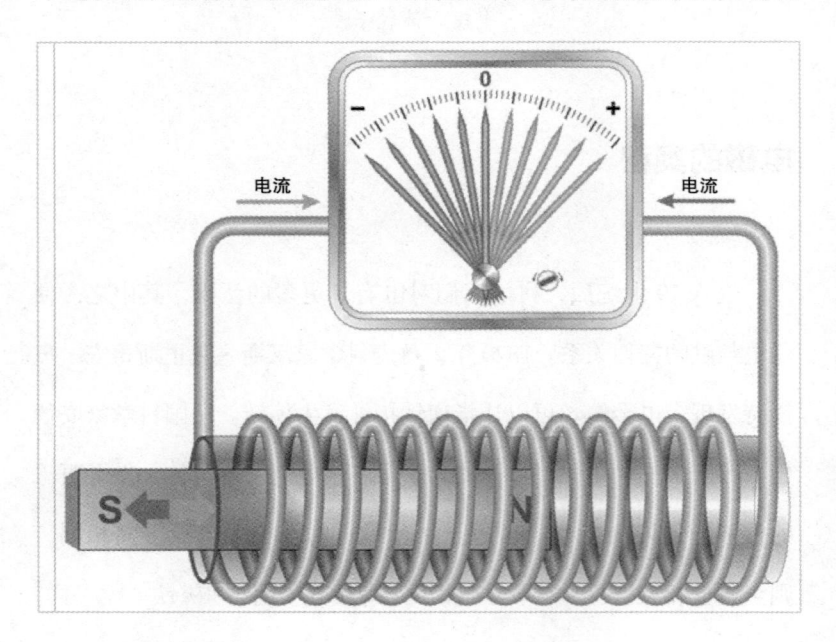

关性，如果没有这个发现，我们的世界将会是另一番模样。如今世上所有发电站产生的电、我们使用的无数电动机的运转都是基于这个原则。

法拉第效应

法拉第认定，电、磁与光之间存在联系。1845年，他在伦敦皇家学院的地下室做了一个实验，发现电磁体可以对光的偏振产生影响，证明光的确具有磁性。法拉第在笔记中写道："我终于成功磁化了一束光。"后来人们将这一发现命名为"法拉第效应"，这一效应也是法拉第后期电磁场理论的重要基石，而这一理论对后来的物理学家詹姆斯·克拉克·麦克斯韦以及阿尔伯特·爱因斯坦都产生了重大影响。

磁场与力

磁铁不与金属丝接触是如何产生电流的呢？电流为什么会使

指南针指针偏转呢？法拉第想弄明白这些问题，他提出了电磁场的概念。他认为电磁场就是很多力线，他将其称为"通量线"，这些无形的线在空间延伸，若想让其现身也容易，只需在一张纸上撒些许铁屑，在纸下面放置一块磁铁。铁屑形成的纹路暴露了磁感线的踪迹。

根据法拉第的磁场理论，磁铁并非磁力的中心，而是通过自身聚合磁力。并非磁铁本身具有磁力，而是磁铁周边空间形成的磁场产生了磁力。磁铁本身并不会产生磁场，但它可以凝聚磁感线，形成磁场。

深度探索

法拉第提出磁场理论20年后，苏格兰物理学家、数学家詹姆斯·克拉克·麦克斯韦进一步用数学的方法阐释了法拉第的观点。阿尔伯特·爱因斯坦在后来的岁月中也将麦克斯韦电磁学方面的作品称为"自牛顿之后，物理学界影响最深远、成果最丰硕的作品"。

麦克斯韦仅用四个等式就成功解释了法拉第和其他研究人员

观察到的所有电磁现象。这些等式描述了两个力的方方面面及作用方式，为将来的实验提供了准确预测。当爱因斯坦正忙于颠覆人们对宇宙的看法时，麦克斯韦的等式直面挑战，并经受住了检验。

从这些等式中，麦克斯韦进一步提出电磁波的概念。你可以把电

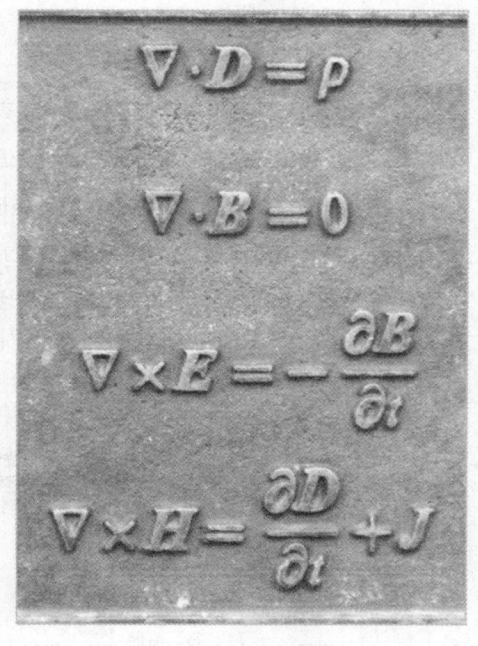

$$\nabla \cdot D = \rho$$
$$\nabla \cdot B = 0$$
$$\nabla \times E = -\frac{\partial B}{\partial t}$$
$$\nabla \times H = \frac{\partial D}{\partial t} + J$$

麦克斯韦电磁等式

磁波想象成两个同向且垂直的波，其中一个波是震荡磁场，另一个是电场。这两个场随着这两个波扩展。麦克斯韦观察到电与磁总是紧密联系在一起，将两者孤立开来是不可能的。

麦克斯韦用他的等式计算出了电磁波的速度，即每秒299792458米。这与实验显示的光速吻合，麦克斯韦认为这绝非偶然，断定光本身其实就是一种电磁波。

电磁光谱

麦克斯韦预测世界上应该存在一系列电磁波,就像光谱那样,事后证明确实是这样。红外光和紫外光虽然人眼不可见,但也已经在可见光谱两端被发现。科学家已经证明,这两种光与可见光一样,具有电磁波属性。麦克斯韦去世后,长波长无线电波、短波长 X 射线以及伽马射线的发现又进一步扩充了光谱。

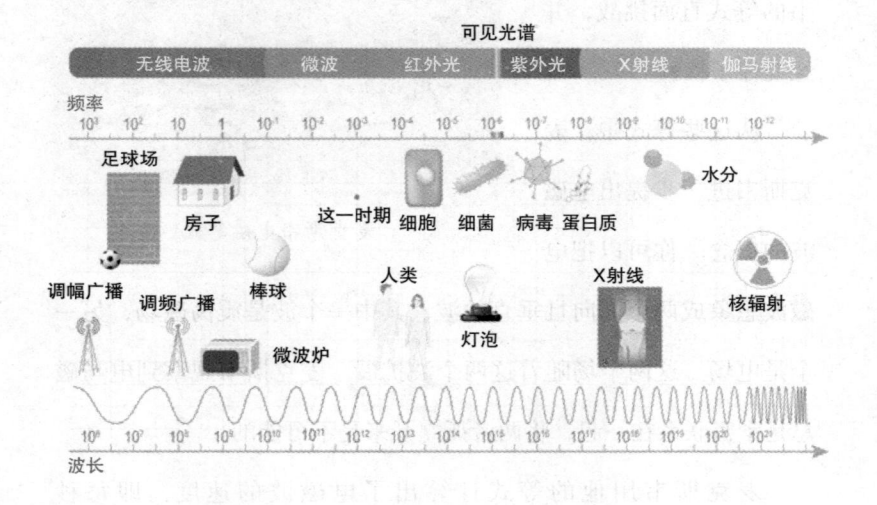

			可见光谱			
无线电波	微波	红外光		紫外光	X射线	伽马射线

频率
10^3 10^2 1 10^{-1} 10^{-2} 10^{-5} 10^{-6} 10^{-7} 10^{-8} 10^{-9} 10^{-10} 10^{-11} 10^{-12}

足球场　房子　棒球　这一时期　细胞　细菌　病毒　蛋白质　水分

调幅广播　调频广播　微波炉　人类　灯泡　X射线　核辐射

波长
10^5 10^7 10^8 10^{11} 10^{13} 10^{14} 10^{15} 10^{16} 10^{17} 10^{18} 10^{19} 10^{20} 10^{21}

第三章

光波如何在空间中传播？

迈克尔逊与莫雷探索以太失败，洛伦兹与菲茨杰拉德也江郎才尽，爱因斯坦的春天来了！

如果真如麦克斯韦提出的那样,光是一种波,那它是如何在真空中传播的呢?毕竟所有波在传播时都或多或少需要载体。在游泳池中,上下摆动手臂很容易就能产生水波。拍手时,你也可以通过空气发出声波。但对于光来说,比如太阳光是如何从这里传播到那里的呢?麦克斯韦和其同时代研究人员认为光一定是通过某个媒介传播的,他们将这一媒介称为以太。

以太是什么?

以太是一种神秘物质。实际上,它似乎无迹可寻,且对任何穿过它的行星和物体没有任何抵抗力。显然,光在穿过以太时并未被削弱,但它却无法照亮以太。同时,空间中必定充满了以太,只有这样恒星上的光才能够从四面八方到达地球。

那么到底怎样才能抓到这充斥着整个宇宙却又如鬼魅般的物质呢?

19世纪,聪明的实验者们开始探索这种狡猾的物质,其中最热忱的两位便是美国科学家阿尔伯特·亚伯拉罕·迈克尔逊和爱德华·莫雷。他们做了一系列精密的实验来证明以太对光的影响。

逆风

科学家认为，地球在其轨道绕太阳运动时，地球表面流动着的以太可以产生"以太风"。光在穿过以太时，如果其方向与以太风同向，则光传播速度变快，反之则会变慢。1887 年，迈克尔逊与莫雷做了一个非常重要的实验，测量来自不同方向的光的速度，已确定以太相对于地球的速度。

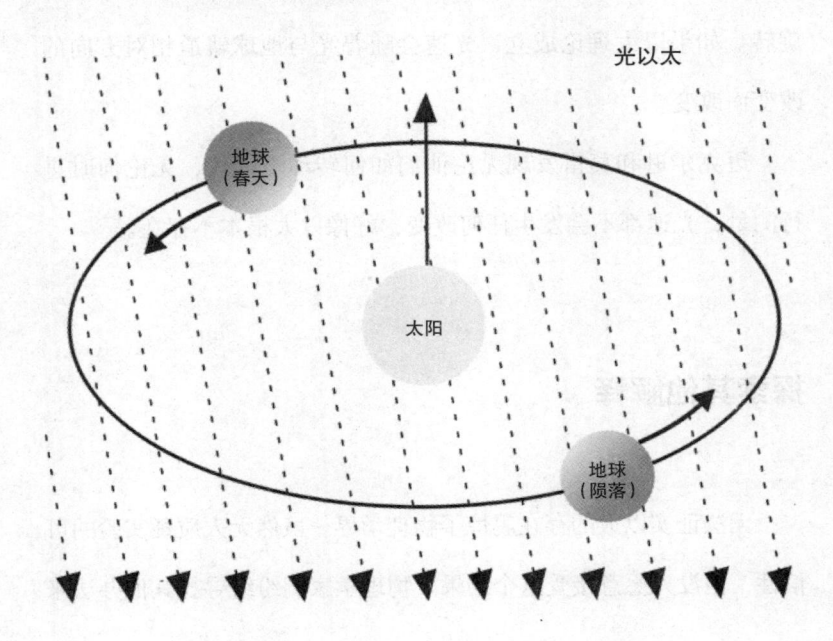

光以太

地球（春天）

太阳

地球（陨落）

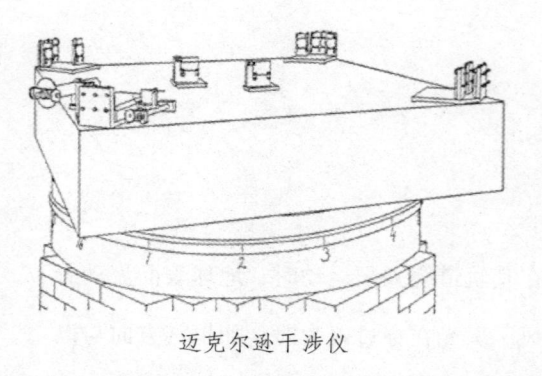

为了测量的进行，迈克尔逊设计了干涉仪。干涉仪通过自身光源发出一束光，穿过一个半镀银的镜子，光被分成两束成直角

迈克尔逊干涉仪

的光，这两束光又分别由两面镜子反射回到中间相遇并重新组合，通过目镜，我们可以得到干涉条纹。光束在镜子间的传播时间直接影响到干涉的条纹。干涉仪浮在水银槽中，这样它便可以缓慢旋转。如果以太理论成立，光速会随着光与地球轨道相对方向的改变而改变。

迈克尔逊和莫雷发现无论他们如何转动干涉仪，无论何时进行测量，光速都不会发生任何改变，好像以太根本不存在。

探索其他解释

无法证实以太的存在震惊了物理学界。虽然无人质疑实验的可信性，但没人愿意接受这个结果。物理学家们纷纷寻找其他办法来解释迈克尔逊的发现，他们依然坚信以太是存在的。迈克尔逊自己也非常困惑，为此他又进行了多次试验，有一次他甚至跑到山顶上，但光速依旧没有任何改变，没有一丝迹象可以证明以太的存在。迈克尔逊甚至怀疑以太附着在地球表面，被地球拖着走。

洛伦兹－菲茨杰拉德收缩

德国物理学家亨得里克·洛伦兹和爱尔兰物理学家乔治·菲茨杰拉德分别为这个问题找到了解决办法，而且方法一致。1889年，菲茨杰拉德发表了一篇篇幅不足半页纸的短论文，其中他提出迈克尔逊－莫雷实验要证实以太的存在只有一个解释，那就是物体在通过以太时，长度变短。

洛伦兹并没有看到菲茨杰拉德的这篇论文。1892年，他提出了一个几乎相同的观点。后来有人告诉洛伦兹，菲茨杰拉德已经发表了一个类似的理论。这之后，洛伦兹几乎一有机会便申明是菲茨杰拉德先提出的这个观点。

他们提出的长度缩短是无限小的缩短，对地球这个体积的物体来说，也就是缩短几毫米，但这区区几毫米却可以解释迈克尔逊－莫雷的实验结果。这看起来或许有些牵强，毕竟我们怎么才能证明物体真的缩短了呢？

几年后，一位瑞典专利所的工作人员提出：整个以太的提法是不必要的。爱因斯坦认为，我们需要做的是抛弃绝对时间这个概念。

电磁波如何在空间传播？

电场与磁场在发生改变时会产生电磁波。就像法拉第和其他物理学家证明的那样，电场的改变会导致磁场的改变，反之亦然。电磁波不需要媒介便可以自我传播。水波在穿过水分子时会打乱水分子排列，而电磁波不同，它在空间中传播不会扰乱任何物质。我们可以将电磁波想象成一种自带能量的干扰波，它在空间无声无息地传播直到与某种物质接触。

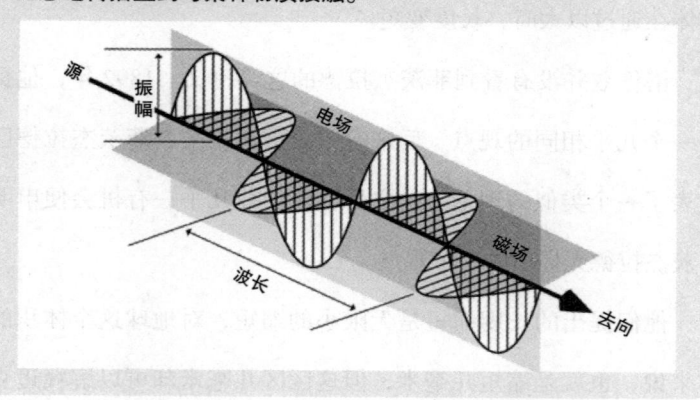

第四章

爱因斯坦是如何探索量子的？

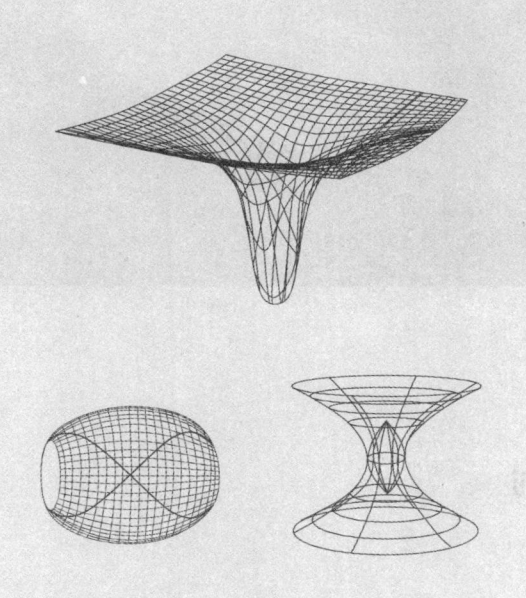

物理学家一直试图将电磁力学与热动力学联系起来，直至马克斯·普朗克提出那个全新的概念——量子。

一根金属棒在充分加热后会变热，一开始是红热，继续加热则会变黄，最后变成白热，发出光谱中各种波长的光。这是为什么？为什么温度升高会产生电磁波？

黑体辐射

事实上，每时每刻，每个物体都在释放电磁辐射。某物体释放辐射，即黑体辐射的多少取决于该物体的温度。黑体是指可以吸收并反射电磁辐射的物质，这种辐射大多是红外辐射，也就是我们所说的热。物体越热，它所发出的黑体辐射就越强。在热度足够的情况下，该物体所发出的黑体辐射会形成光，电磁波的频率也更高。这个现象对经典物理学提出了一个问题：波的工作原理是什么？光能变亮这个现象我们都能理解，但光会变色是怎么回事？

理论上来说，理想中的黑体能够吸收并释放任何频率的辐射，但这种理想状态并不存在于现实之中。宇宙中的所有物体每时每刻都在互相进行电磁辐射，因此宇宙中不存在绝对零度的物质，零度已经是理论层面的最低温度，处于零度的物质不会进行任何能量交换。

灾难

19世纪末，物理学家在解释黑体辐射时遇到了麻烦。按照当时的物理学定理，物体加热后可以释放所有频率的辐射，包括短

波长的 X 射线和伽马射线以及长波长的无线电波。频率没有上限,所以高频射线多过低频射线,也就是说辐射可以产生无穷多的波,每个波都携带能量,后来人们将这种无解的现象称为紫外灾难。

这样看来,当时人们对于热动力学和电磁学的认识是有

马克斯·普朗克肖像

问题的,但问题是什么呢?没人知道。后来德国物理学家马克斯·普朗克提出了一个全新的观点,震惊了世人,改变了物理学。

欢迎来到量子宇宙

1900 年 10 月 19 日,普朗克在德国物理学会发表演讲,物理学迎来了新时代。普朗克指出,能量并不是以连续、无限变化的量进行传输,比如像波那样,而是打包传输。普朗克用拉丁文中的"量",将这些包命名为量子,即多少的意思。能量的释放与

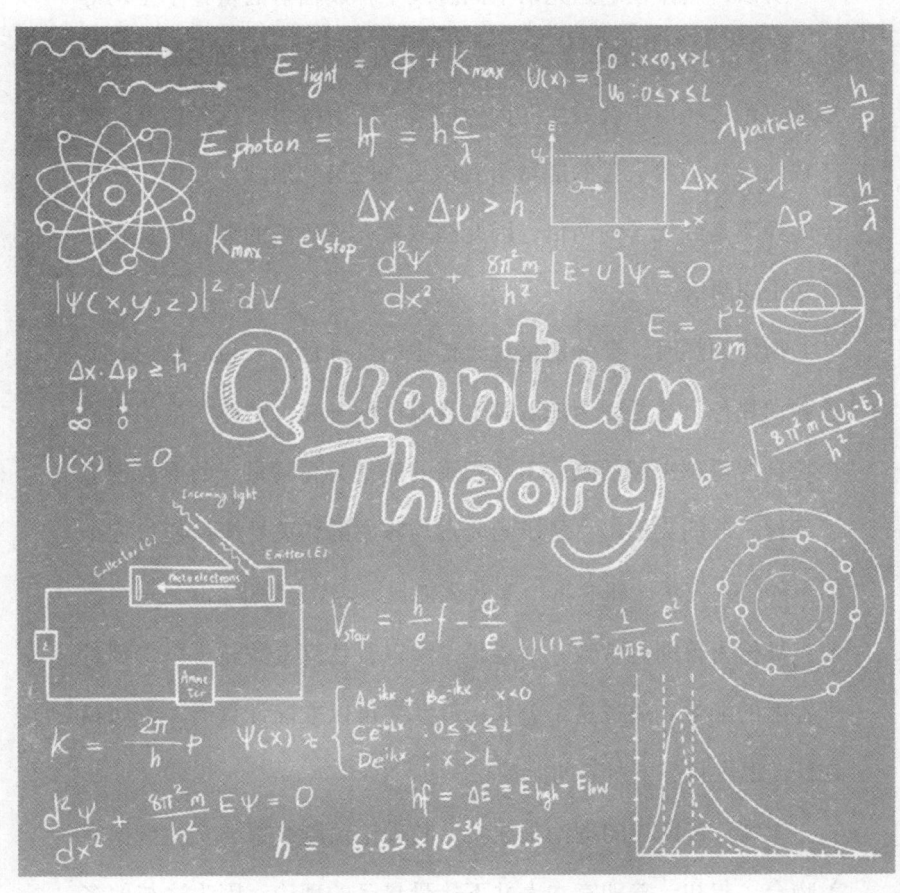

马克斯·普朗克演讲手稿

吸收都是以量子为单位，每个量子都有其对应的波长和频率。

所以，黑体在电磁光谱不同阶段中释放辐射的量并不是均等的。释放红外光比释放紫外光更容易，因为后者需要更多的能量。紫外灾难之所以不会发生是因为即便高频射线多过低频射线，黑体辐射仍然需要大量的能量来获取更多的高频射线。比如，紫光子的频率是红光子的两倍，因此获取紫光子所需的能量也是获取红光子的两倍。

物体加热时，会分别呈现光谱中的红外色、红色、橙色、蓝色和白热色，这是因为随着其本身温度的升高，物体本身的构成颗粒会变得越来越活跃。不断积聚的能量为高频量子的形成创造了条件。普朗克提出，量子的能量与频率的相关性可以通过一个简单的公式表示，即 $E=hv$，E 代表能量，v 代表频率，h 是一个数值，被称为普朗克常数。射线频率乘以普兰克常数就可以得到量子辐射的能量。通过这个公式，普兰克可以准确计算出一个烤箱在任何温度状态下所需的能量。

无疑，普朗克的理论很成功，其理论预测结果与实验数据完美吻合。起初，普朗克本人并不接受自己的理论，因为这与他多年来所学、所努力证实的结论存在矛盾，不过后来他还是接受了，毕竟这更加容易得解释了物质吸收、释放能量的现象，虽然他还是无法很好地证明自己理论的正确性。几年后，阿尔伯特·爱因斯坦给出了很好的答案。

马克斯·普朗克提出能量量子化理论的那年，爱因斯坦21岁。那时的他还在做数学家教的工作，并着手撰写一篇有关毛细现象的论文，这也是他发表的第一篇论文。爱因斯坦对普朗克理论的反映是"如天翻地覆一般，之前物理学界坚实的基础已经无处可寻"。普朗克对爱因斯坦的思想影响非常大，之后的很多年里，两人经常一起交流观点。1947年，普朗克去世，马克斯·玻恩评论说："很难再遇到两个生活态度如此不同的人……但这些不同和一件事情比起来简直相形见绌，那就是两人对自然奥秘同样乐此不疲的探索。"

> **常数是什么？**
>
> 在所有物理学基础理论中，总有一些基本量并不随条件的变化而变化，这些保持不变的值就是物理常数。比如普朗克常数 h，连接量子中的能量与频率，还有光速 c 以及引力常数 G 等。在任何条件下，物理常数总能使等式成立，且永远不变。

发射光子

原子在充分地吸收能量后,原子核附近的电子可以跳到更高的轨道上。电子跌回原有轨道后,它会释放一定量的电磁能,也就是光子。光子能量的多少取决于电子的回落距离。原子核将电子推出越远,电子跌回原有位置的距离就越远,其蕴含的能量也就越多。所以,用黑体辐射的术语说就是你投入越多,得到的就越多。

第五章

爱因斯坦的光电效应理论是什么？

爱因斯坦运用普朗克的量子理论，解决了一直未解的光电效应现象。

有关辐射，还有另外一个奇怪现象一直未得到解决，那就是光电效应。我们都知道，光在照射某些金属表面时会激发出电子，这也是太阳光可以发电的原理。

起初，科学家认为电磁学可以解释这个现象：电磁波中的电场赋予电子需要的能量，使其从金属中挣脱出来。但是，人们很快发现这显然不能解释现象的全部，因为逸出电子所带的能量取决于光的频率，而非其强度。科学家们原本认为，光越强，其能量越大，也就能产生更高能量的电子。但后来他们发现，无论光多强，电子所带的能量都是相同的。要想增加电子的能量值，只有一个办法，就是改变光的频率，将光由红光变为紫光、紫外光。光越强，析出电子越多，但能量值不变。如果光的频率非常之低，即便光很强，也有可能一个电子也无法逸出。所以，光的波动论无法解释这些发现。

光子

爱因斯坦对这个现象非常感兴趣。1904年，他在给朋友的一封信中说，他已经发现构成某种物质的量子的体积与辐射波长的关系，而且方法非常简单。

1905年是对物理学界意义重大的一年。三月，爱因斯坦在《物理年鉴》（*Annals of Physics*）发表论文，这也是他那年发表的第一篇论文。论文中，爱因斯坦将光电效应的实验发现与普朗克的理论相结合，得出的结论为他赢得了1921年的诺贝尔奖。

论文中，爱因斯坦首先对比了粒子理论（包括气体中粒子的活动情况）、波动论及电磁辐射相关理论，提出光是由一串粒子构成。同时，爱因斯坦也强调，即便如此，我们也无须摒弃波动论，毕竟这个理论非常成功，在未来也会有用处。

爱因斯坦认为光是一个能量包，他写道："当光由一点漫射出来，它所照射的面积会不断增加，但它携带的能量不会分布在所有空间，而是会分成有限的能量量子，呈点位分布在空间，并以此为单位被吸收。"

沃尔特·艾萨克森是爱因斯坦传记的作者，他认为："这也许是爱因斯坦写过的最具革命性的一句话。"

爱因斯坦的方法简单但令人信服。他对比了气体体积改变后粒子变化的规律和辐射在空间传播时粒子的变化规律，发现两者遵从同样的数学计算原理。爱因斯坦也由此得出了某频率光子能量的计算方法，得出的结果与普朗克的发现吻合。

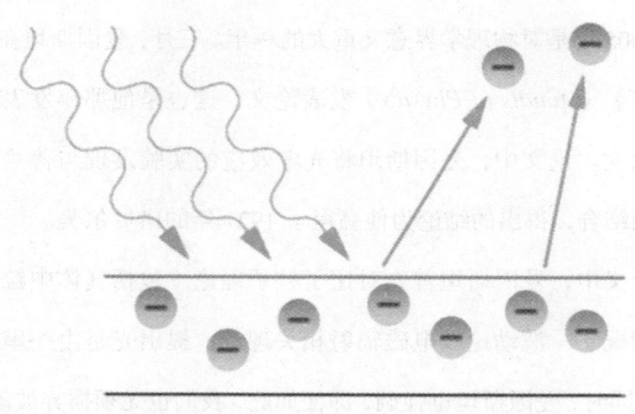

光子能量实验图

光电效应

紧接着，爱因斯坦用光子对光电效应做出了解释。根据普朗克的理论，量子的能量可由普朗克常数乘以频率得出。如果量子将其能量全部转移至电子，则该量子本身能量越高，其发射出的电子能量也就越大。光越强，它产生的电子也就越多，但其能量并不会增加。这些与光电效应的实验室数据吻合。

1921年发行的光电效应纪念邮票

量子现实

对普朗克来说,量子仅仅是他为了使等式成立而创造的一个数学概念。爱因斯坦却认为量子是一个物理现实,是宇宙的一个真实特征。1916年,实验证明爱因斯坦是正确的,科学家们需要重新思考光的本质。

在接下来的20年里,爱因斯坦一直在努力解决光的波粒二象性悖论,直至生命结束。1951年,爱因斯坦在给朋友米歇尔·贝索的信中说道:"光子到底是什么?50年的探索也未能逼近真相。现在,好像大家都认为自己知道这个问题的答案,但实际上他们是被误导了,没人真正明白什么是光!"

波粒二象性

虽然很神奇,但显然波动论和粒子论都是正确的。光到底是波还是粒子似乎取决于我们看待它的方式。在某些条件下,它是

量子谜团

　　托马斯·杨让光穿过两个相近小孔，通过其形成的干涉条纹证明光本质上是一种波。假设光是一串粒子，每次我们只让一个光子通过小孔，会发生什么？会如我们想象的那样，干涉条纹消失，出现两个穿过小孔的光斑吗？神奇的是，即便我们每秒只发射一个光子，干涉条纹依然存在，就好像每一个光子都"知道"自己的位置一样，一个接一个地排列，最终形成了干涉条纹。这是怎么回事？正如伟大的物理学家理查德·菲利普斯·费曼所说："无论通过哪种方式，很多人都能理解相对论，可是我敢说没人能明白量子力学。"

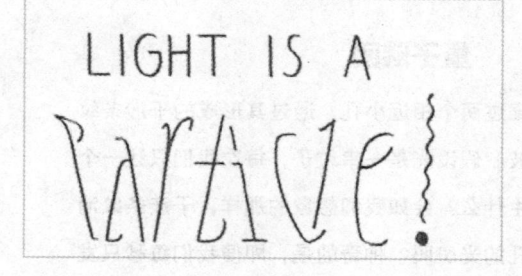

> LIGHT IS A particle!

波；在某些条件下，它是一串粒子；甚至在某些特定情况下，它同时呈现波与粒子两种状态。我们只能记录不同条件下它的不同状态，并没有一个模型能够描述光的方方面面。光具有波粒二象性说起来很容易，但这句话到底是什么意思，没人能给出满意的答案。

第六章

爱因斯坦是如何证明原子与分子的存在的？

20世纪初，科学家们依然在争论原子是否存在的问题——爱因斯坦利用苏格兰植物学家的著作，向世人证明原子的确存在。

1905年5月,《物理年鉴》收到了爱因斯坦的另一篇论文,这次的主题是气体分子运动论。这篇论文虽然属于经典物理学范畴,但爱因斯坦却通过它首次证明原子与分子均为物理现实。

未来去哪里?

前面我们探讨了牛顿运动定律。通过该定律,我们可以得出宇宙中彗星探测器的运动轨迹,或者板球击中捕手手套的飞行过

程。同时，如果我们知道某物体现在的运动情况，我们可以以此推算出该物体过去和将来的运动情况。

有意思的是，牛顿运动定律与时间并不相关。比如，观看彗星在空间中飞行的影片时，我们无法通过牛顿定律判断短片的播放方向，因为时间逆转在牛顿定律中成立。利用这个定律，我们向前能够计算出将来的运动，往后可以得出过去的运动。

当然，常识和经验可以告诉我们某件事是发生在过去还是在未来。比如，我给你看一段影片，片中那没摊在地上的破鸡蛋慢慢复原，从地上弹起，回到手中，你一看便知道这段影片是倒着播放的。虽然你十分确定你不会在现实中看到这种事情发生，但这在牛顿定律中是成立的。

可逆性悖论

气体分子运动论认为，热度是原子运动的衡量标准。原子越躁动，热度越高。路德维希·玻尔兹曼利用分子运动论解决了物理学上所谓的可逆性悖论。这个悖论起源于热力学第二定律，它认为物理体系越来越无序，而大部分的自然过程是不可逆的。宇

可逆　　　　　　　　　　不可逆

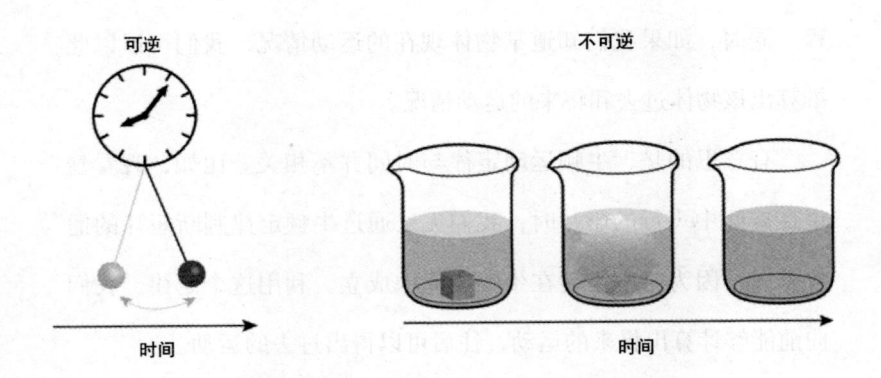

→时间　　　　　　　　　→时间

宙正不可逆转地由低熵（有序）状态转为高熵（无序）状态，这与牛顿力学的时间可逆属性矛盾。天文学家亚瑟·爱丁顿爵士首次引入了"时间流向"的概念，指代时间从过去走向未来。他在爱因斯坦的故事中也扮演了非常重要的角色，后面我们会详细讲到他。

玻尔兹曼确定第二定律是关于概率的定律，由此解决了这个悖论。不论是那枚破碎的鸡蛋还是世间万物都是由原子和分子构成，这些分子和原子永远处于无序运动状态。要想使鸡蛋复原，所有分子都必须朝同一个方向，而且是正确的方向运动，这个可能性不是没有，但几乎小到可以忽略不计，因此鸡蛋破碎这个过程不可逆。

玻尔兹曼认为气体是无数分子的集合，这些分子总是在随意

固体　　　　　　　液体　　　　　　　气体

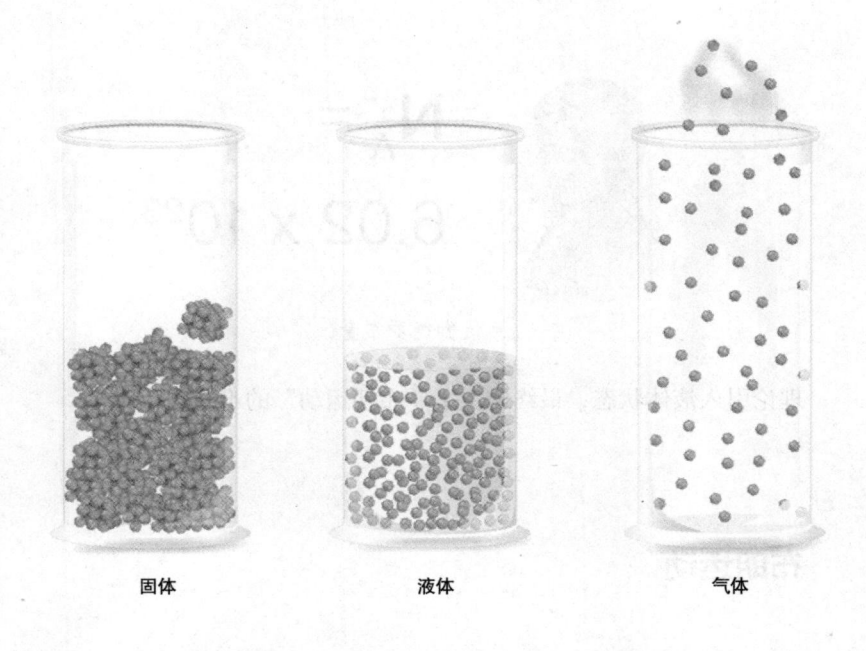

跳动。爱因斯坦认为这个理论"十分重要"。1902年到1904年间，爱因斯坦也在研究热力学第二定律，他利用统计学和力学理论，得出了"热的一般分子理论"。爱因斯坦认为，这个理论可以"填补空白"，将玻尔兹曼对气体的研究成果延伸至其他物质。他将统计分子理论写入了他在苏黎世大学的博士论文。在这篇论文中，爱因斯坦描述了计算分子大小及阿伏伽德罗常量的新方法。阿伏伽德罗常量是某物质所含原子或分子数与物质总量的比值。

在另一篇发表于1905年5月的论文中，爱因斯坦将热的分子

$$N_A = 6.02 \times 10^{23}$$

阿伏伽德罗常量

理论引入液体状态，最终解决了"布朗运动"的难题。

布朗运动

1827年，苏格兰植物学家罗伯特·布朗发现花粉散落在水面后会做无序运动，好似受到某种看不见的力驱使。其他研究人员也曾经注意到这个奇怪的现象，但布朗是第一个研究该现象的人。起初，布朗认为这与花粉有生命有关，但实验显示不仅仅是花粉会这样运动，任何相同大小的微粒，无论是花岗岩碎屑还是烟灰微粒，当它们悬浮在液体中时都会出现类似的运动，后来这种运动被命名为"布朗运动"。

爱因斯坦想找到原子和分子存在的证据，他想让人们用肉眼

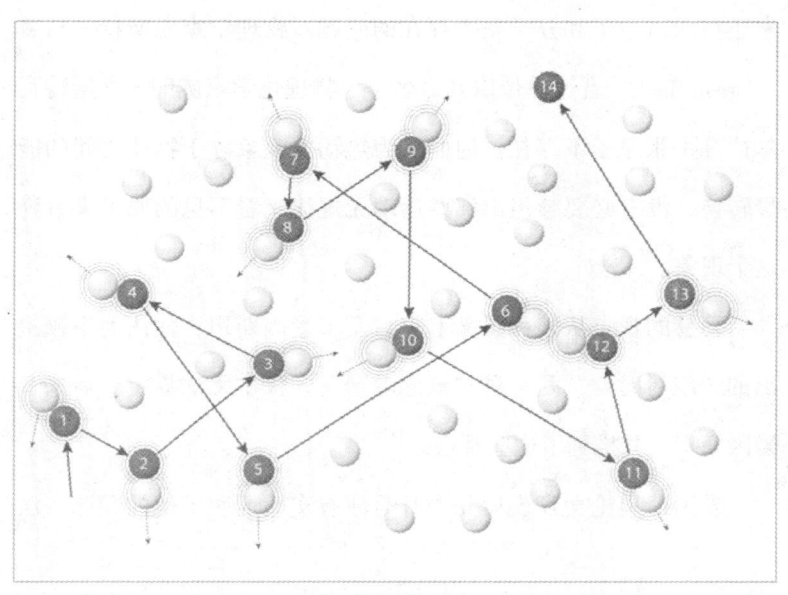

"布朗运动"假想图

看到分子的运动，没想到恰好解释了布朗运动，他当时甚至不知道布朗运动已经是一个非常有名的现象。爱因斯坦推测如果液体中的分子也和气体一样做无序运动，它们在运动时会撞击花粉，如果分子量足够多，就会让花粉呈无序运动状态。通过前期撰写论文，爱因斯坦已经能够熟练使用统计工具，再加上自己积累的理论知识和实验数据，他对布朗运动进行了详细解释，并准确地预测出粒子在做这种不规律、无序运动时的最远距离。

这篇有关布朗运动的论文首次刊发于 1905 年，那时其他科学

第六章 爱因斯坦是如何证明原子与分子的存在的？　055

家还在探讨原子和分子是否存在的问题。物理学家恩斯特·马赫（Ernst Mach，音速单位以其命名）、物理化学家威廉·奥斯特瓦尔德等主张原子不存在。他们认为热动力现象源于物体之间的能量转换，没有必要臆想出那些运动无规律又看不见的原子来解释这个现象。

马赫的观点从某种意义上也启发了爱因斯坦，他认为牛顿提出的"绝对时空"是一种"概念畸形"，根本无法界定。后来，爱因斯坦一并推翻了这些观点。

爱因斯坦论文发表后几个月后便有实验证明了他的预测。法

国物理学家让·巴蒂斯特·佩兰使用新发明的超显微镜证实了爱因斯坦的观点并以此获得了 1926 年的诺贝尔物理学奖。

佩兰的证据充足，人们不得不接受原子和分子确实存在的事实。物理学家马克斯·玻恩写道："我认为，那些针对爱因斯坦观点的调查比其他著作更能让大家相信原子和分子的真实性。"

就在证明原子存在的同时，爱因斯坦还得出了光速运动的结果，这些发现让他成为天才的代表。分子运动论文发表后几天，爱因斯坦告诉朋友，他要修订"时空论"。

第七章

爱因斯坦的狭义相对论是什么？

爱因斯坦证明，任何事物都在变化，但光速是恒定的。

在物理学上，相对性是一个非常简单的概念，即物理学定律适用所有自由运动的物体，无论其速度如何，这些定律永远适用，但运动的定义是什么呢？

1905年，爱因斯坦提出了狭义相对论。狭义指的是：物体在匀速运动时的状态，即相对另一个物体，该物体始终保持匀速直线的运动状态，物理学家将其称作惯性坐标系。牛顿曾在运动第一定律中提出，惯性是指物体在不受外力作用时的默认状态。简单来说，惯性运动就是匀速直线运动。10年后，爱因斯坦提出了广义相对论，进一步探讨了加速运动。

我们在衡量时间、距离、质量或其他任意事物时，都需要有参照物。只有事物之间存在对比，我们才能说另一个事物更快、更大或者更重。如果没有参照物，我们就不能说"这个东西很大、很重，移动很快"，因为你没有任何依据。我们之所以建立重量和其他计量体系，原因之一便是我们需要找到公认的办法去对比类似的事物和数量，才能说这个东西比那个东西大或者重。但任何计量单位都不是绝对的，它们都是在参照其他事物后界定的。

伽利略

早在 1632 年，伽利略便探索过相对运动的概念，他提出只有在参照其他事物的前提下，才能证明某个物体在运动。在《关于两大世界体系的对话》（*Dialogue Concerning the Two Chief World Systems*）中，伽利略主张地球并非静止于宇宙的中心。批评家们认为，如果地球真如哥白尼所说围绕太阳运动，那在空间中穿梭的我们应该能感受得到。

伽利略反驳了这种观点：想象一艘船匀速行驶在没有一丝波澜的湖面上，乘客坐在没有窗户的船舱中，除了走上甲板，有没有其他办法确定船在运动？

事实上，如果船始终保持匀速直线运动，乘客根本无法感知船是否处于运动状态。这就好比今天我们乘坐火车或飞机，只有看到窗外移动的世界，我们才能感知到自己也处于运动中。

伽利略进一步思考，船上实验的结果有没有可能和岸上实验的结果不一样，或者有没有可能船上实验会有其他征象显示船在运动？伽利略断定不可能，只要船始终保持匀速直线运动，在船上所做的所有力学实验结果都与岸上实验结果完全相同。基于这些观察结果，伽利略提出了相对性假设：

在任意两个观察对象内做力学实验，只要观察对象保持匀速直线运动，则实验结果相同。

参照系

相对性带来的问题是只有在有参照物的前提下，我们才能测量速度，一旦参照物发生变化，测量结果也会发生变化。我们只有在有参照物的前提下，才能说某个东西在移动，否则这话便没有意义。两个人在火车上面对面坐着，互相抛掷橘子，橘子在空气中运动的速度大概在每小时几千米左右，但是站在铁轨一侧的人看来，橘子、火车及乘客的移动速度都高达每小时 100 千米。你所认为的某个物体的移动速度取决于你自己本身相对于那个物体的运动速度。

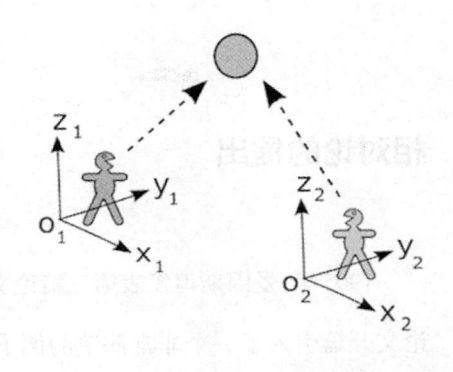

爱因斯坦相对论的基础就是无参照不运动。在他之前，公众普遍认同绝对运动的存在，即我们可以在没有任何参照的情况下说某个物体在运动。如果空间存在绝对运动，那必然存在绝对静止（即一个东西不是运动便是静止）。牛顿在提出这些观点时写道："绝对运动是指一个物体由一个绝对位置移动到另一个绝对的位置；相对运动是指一个物体由一个相对位置移动到另一个相对位置。"

爱因斯坦相对论推翻了绝对运动与绝对静止理论。否则，爱因斯坦就可以跑去问检票员："牛津站在火车上停吗？"估计这时发蒙的就是检票员了。

相对论的提出

1905年,爱因斯坦发表第三篇论文,题为《论动体的电动力学》。论文开篇引入了一个非常简单的例子,这个例子对维多利亚时期电磁领域的研究者来说并不陌生,包括迈克尔·法拉第:磁铁在线圈中运动时会产生电流,如果磁铁位置固定,让线圈绕磁铁运动,同样也会产生电流。爱因斯坦对电非常熟悉,他经常帮助他的代数启蒙人雅各布叔叔焊接发电机中的磁铁和线圈。爱因斯坦在专利所的工作也意味着他需要经常检验各种机电设备。

法拉第时代以来,人们对这一现象有两种不同解释:一是移动的磁铁能够产生电流,另一个是移动的线圈可以产生电流。爱因斯坦不认同,他认为这与谁移动没有关系,真正的原因是这两者的相对运动。他说:"从根本上把两者区分开来，我无法接受。"

科学家们之所以会将线圈和磁铁的运动分割开来主要是因为他们相信以太系即绝对静止的存在。以太是一种神秘莫测的物质，迈克尔逊与莫雷并未发现它存在的证据。

通过磁铁与线圈的例子，结合有关光本质的其他实验，爱因斯坦断定绝对静止的观点有纰漏，而且不必要。在论文中，爱因斯坦以轻描淡写的一句话对以太进行了全盘否定："引入'以太'这个概念并没有必要，这一点在将来会得以证实。本文观点不以'绝对静止的空间'为背景。"

以此，爱因斯坦提出了"相对论"：在参照系下，力学、热动力学和光学的所有定理同样成立。

换种说法就是，物理学的一切定理在所有惯性参照系中保持不变。无论你运动速度快还是慢，往前还是往后，这样动还是那样动，那些定理保持不变，即实验结果与理论结果相符。早在 1632 年，伽利略

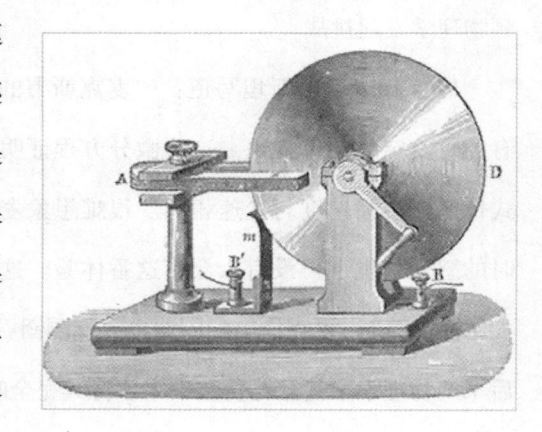

就说过同样的话。伽利略和牛顿都认同在惯性坐标系中,实验无法判定观察者的运动状态。

特别需要注意的是,相对论只适用于惯性坐标系中移动的物体。一旦物体改变方向,或者速度变快或变慢,我们就可以断定它在运动。比如汽车加速或者飞机起飞,我们自身就可以感觉到,因此就没有必要说它们相对于其他物体在加速。

光的恒定

爱因斯坦引入相对论后,意识到牛顿和麦克斯韦中只有一个是正确的,他决定站在麦克斯韦一边,开始向有200年历史的牛顿物理学发起挑战。

1904年,爱因斯坦写道:"麦克斯韦的主要成就便是提出了有关时空定理的方程组。这些微分方程证明电磁场以偏振波的形式传播,传播速度与光速相同。很难想象麦克斯韦得出这些结论时的感受,世上再没有人会有这番体验。这一发现是物理学上一大超前的跨越,麦克斯韦的同辈也只能囫囵吞枣般接受这些概念,后来的物理学家甚至花费数十年才将其完全吃透。"

爱因斯坦问道：光的运动形式与其他事物一样吗？光速也取决于观察者的运动状态吗？由此，爱因斯坦得出了第二个推论，即光的推论：光速恒定。其他事物也许是相对的，但光速是绝对的。在此基础上，爱因斯坦创立相对论。

爱因斯坦说，光以恒定速度传播，与物体发出光的速度没有关系。牛顿力学认为速度应该取和，比如跑得快的投手，投出的球运动速度就快，因为球的运动速度等于投手的跑动速度加上掷球速度。但是，一架快速移动的飞机上发出的光与其下静止不动的山峰发出的光，速度一样。

这与迈克尔逊与莫雷的发现一致，当时无论他们怎么测量，光速总是不变的。奇怪的是，爱因斯坦并未提及迈克尔逊和莫雷。他甚至说，即便到了1905年，自己也从未听说过他们的实验，不过后来他又亲自推翻了这个说法。1931年1月15日，爱因斯坦在参加加州理工学院晚宴时，第一次公开提及迈克尔逊，这也是最后一次，因为数月后，迈克尔逊便去世了。爱因斯坦当时说："在这么多年的研究工作中，我遇到了很多真正的战友。尊敬的迈克尔逊博士，在我还是个身高不足3英尺的小孩时，您便开始了这类研究。是您引领无数的物理学家走上新的研究道路，是您宝贵的实验为相对论的研究铺平了道路。"

> Experimental Determination of the Velocity of Light
>
> Albert A. Michelson
> Master, U.S. Navy
>
> Let S, Fig 1, be a slit through which light passes falling on R, a mirror free to rotate about an axis at right angles to the plane of the paper. L a lens of great focal length upon which the light falls, which is reflected from R. Let M be a plane mirror, whose surface is perpendicular to the line RM, passing through the centers of R, L, and M respectively. If L be so placed that an image of S is formed on the surface of M, then this image, acting as the object, its image will be formed at S, and will coincide, point for point with S.
>
> If, now, R be turned about the axis, so long as the light falls upon the lens, an image of the slit will

爱因斯坦手稿

> **光速的界定**
>
> 1983 年，国际度量衡大会正式将光速定为：
> c=299792458 米 / 秒。
> 科学家们将"c"定为光速的符号，来源于拉丁语的"celeritas"，意为"迅速"。
> 同时，一米被界定为光在 299792458 分之一秒内传播的距离。

爱因斯坦狭义相对论的核心是宇宙中光速最快。但为什么光在真空中的传播速度是 300000 千米每秒？为什么不是更快或者更慢？

简单来说，这是我们在解开麦克斯韦方程组时得到的答案。根据这个方程组，电磁波的速度是一个常量，由波传播空间的真空属性确定。它和其他速度不同，不存在相对性。宇宙的属性和电磁场的运动决定光速肯定是恒定的。

麦克斯韦方程组确定了光速，且在所有惯性系中均成立。两个相对运动的观察者，分别测量相对于对方运动的光束的速度，测量结果相同，即便一方与光束运动方向相同，一方与之相反。相对论的其他内容都基于这一简单的事实。恒定的光速带来很多看似矛盾的悖论，颠覆了我们对时空的认知，下面我们会讨论到。

慢光

"光速"通常指光在真空中的传播速度。光的传播速度不一定都这么快,它在穿过如空气、水和玻璃这样的透明介质时,速度会变慢。光在水中的传播速度是其在真空中速度的七十五分之一,大概在 225000 千米 / 秒,虽然存在差异,但我们几乎无法察觉。1850 年,让·傅科发现了折光率,即光速放缓的比率。

第八章

爱因斯坦是如何认识时间的？

狭义相对论颠覆了我们之前对时间的看法。

1922年，爱因斯坦发表演讲，提到了很多研究困境，他不明白为何光速对任何观察者都是一样的。"我想用时间概念来解决这个问题，虽然时间不是绝对的，但是时间和光速存在不可分割的联系。利用这个概念，前面所有的问题便都能解决。找到这个办法后，我用5周的时间完成了狭义相对论。"

假设我们在空间站中，向一个驶离我方的宇宙飞船发射激光信号，宇宙飞船的飞行速度为光速的一半，约150000千米/秒。常识告诉我们，激光追上宇宙飞船的速度为光速的一半，但常识是错误的。光束还是以300000千米/秒的速度运动。想一下物理课上我们学过的公式，速度等于运动距离除以运动时间，即 $v=d/t$。

换句话说，速度是指由时间切分的空间。所以，如果对任何观察者来说，光速始终恒定（也就是说，我们用公式得到的速度永远不变），那距离和时间势必要发生改变。如果光速不变，时间和空间就必须改变。

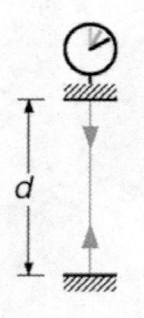

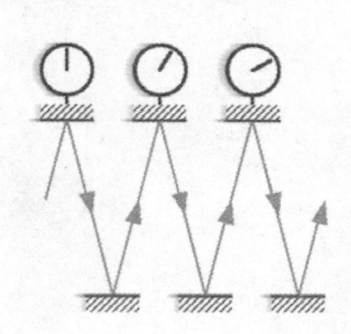

绝对时间

牛顿曾写道:"时间存在于自身之中,它永远均匀流动,不依赖于任何外界事物。"在牛顿的世界里,无论在哪里测量,时间都以同样的速度流逝。如果我们的钟表都很准确,那么我的五秒钟和你的五秒钟并无差别。那如果钟表不准确呢?我们再回到刚才的空间站和激光问题。如果在空间站的你要和在宇宙飞船中的飞行员得出同样的激光传播速度,那首先你们要在激光传播时

间上达成一致。既然对飞行员来说光速恒定，要得到同样的速度，宇宙飞船上的钟表需要调慢一些。

孪生子佯谬

想象那个快速远去的宇宙飞船上的飞行员是你的孪生兄弟，现在宇宙飞船提速到光速的 0.99%，你的兄弟要驾驶这台宇宙飞船完成一年的太空探索，那么当你的兄弟返回时，他应该年长了一岁，那这时的你年长了多少岁呢？

如果你追寻宇宙飞船的飞行过程，你会发现一件很奇怪的事。飞行过程中宇宙飞船上的时钟比未离开空间站时走得慢（或者相对来说，空间站上的时钟走得快）。事实上，当你的兄弟回到空间站时，你已经走过了 7 年（实际时间取决于宇宙飞船的飞行速度与光速的差值——当飞行速度为光速的一半时，宇宙飞船上的 1 小时相当于空间站上的 69 分钟；当飞行速度与光速非常接近时，时间差值可能在数千甚至数百万年）。所以，现在你有了一个小自己 6 岁的孪生兄弟，这并非悖论。

爱因斯坦说过，所有运动都是相对的。他举的第一个例子里，

电流的产生与线圈或者磁铁单方的移动没有关系，因为无论怎样，两者都是相对彼此在运动。同样地，登上宇宙飞船的孪生兄弟看着空间站越来越远，他也可以说你在以接近光的速度后退。在这种情况下，你的孪生兄弟也会看到你的时钟变慢。所以，到底谁老得更慢？是两个人都慢还是两个人都不慢？

你可能会想，也许通过两两抵消，当我们团聚时，我们的年龄还是一样。这个推测很合理，但是并不正确。事实上，在宇宙飞船上的兄弟老得慢。20世纪60年代，物理学家赫伯特·丁格尔曾表示孪生子佯谬暴露了狭义相对论的矛盾性。如今，大部分科学家均认同相对论能解决这个问题，至于问题的答案出自狭义相对论还是广义相对论尚无定论。爱因斯坦自己曾说解决这个问题需要广义相对论，后面我们会谈到这个办法。

更快和更慢

根据狭义相对论，我们在空间中运动速度越快，我们在时间中的运动速度越慢。如果我们的运动速度接近光速，那么事件之间的间隔时间就会变长，如此一来，我们就感觉时间走得慢了，这个现象叫时间膨胀。事实上，这个现象真的会发生，并不是观察者的主观臆想。如果某物体的移动速度达到与光速相同，那时间将会完全停止。在实验中亦是如此，欧洲核子研究组织用大型强子对撞机做过的很多实验就涉及这一现象。比如，如果以光速几分之一的速度将原子粒子进行粉碎，在计算实验结果时，只有将时间膨胀考虑进去，实验数据才成立。

时间的本质

时光可快可慢，可轻可重。我们消耗时间也创造时间，我们节省时间也唏嘘时间都去哪儿了，没人知道时间究竟是什么。1905年，法国物理学家亨利·庞加莱指出，时间只是人类为了便利创造出来的一个概念，并非一个客观存在。他宣称我们无法通过试验揭露时间的本质，只能接受物理定理创造出的一个个时间概念。

我们可以将时间当作区分不同时间段的分水岭，它会告诉我们这个时间持续了多久，哪个时间发生较早。比如，在100米赛中，一名顶尖短跑选手从起跑架出发到撞线需要十秒。我们可以将一秒切分来判断谁赢了或者这个成绩是否创造了纪录。但秒是什么？我们可以用原子的振动来界定一秒，但每次振动又是另一个时间事件。我们似乎永远无法接近时间的真相。如果压根没有任何事情发生，时间还会均匀流动吗？也许时间就是发生的事情，如爱因斯坦所说，事情总有不同的频率。

同时性的终结

爱因斯坦认为狭义相对论有一点非常重要，就是同时性也是相对的。一个观察者认为两件事同时发生，相对其运动的另一个观察者可能不这么认为。爱因斯坦指出，我们也没办法判断这两名观察者谁对谁错。事实上，两个人都是正确的。

爱因斯坦用一个思想实验解开了这个谜题。想象自己正在看着窗外的雷雨，两座和你距离相同的建筑物突然被闪电劈过，这时你可以说两个建筑物同时被闪电劈中。现在假设正好有一辆公交车驶过，闪电劈过时，车上刚好有一名乘客与你处于同一水平位置，他的观点肯定和你一致。现在假设这辆公交车从一个建筑物驶向另一个建筑物，如此一来，乘客就会先看到闪电打在第一座建筑物上的光，后看到其打在第二座建筑物上的光。这时，乘客不会同时看到这两道闪电。

根据相对论，我们无法说你在静止，公交车上的乘客在运动，我们只能说你们想对彼此都在运动。因此，到底这两道闪电是否同时发生，没有"正确"答案。

同时性的终结进一步颠覆了绝对时间概念。两个相对运动的观察者会有不同的时间频率,其速度越接近光速,影响就越明显,即便是速度非常之慢,仍然存在时间差异。所有运动参照系的时间流逝都是不同的。物理学家沃纳·卡尔·海森堡对此评论说:"这一发现动摇了物理学的根基,没人曾想到物理学上还会出现这样的巨变,提出这一发现的人必然拥有非凡的勇气、改革精神和才华。"

第九章

爱因斯坦是如何解释洛伦兹—菲茨杰拉德收缩的？

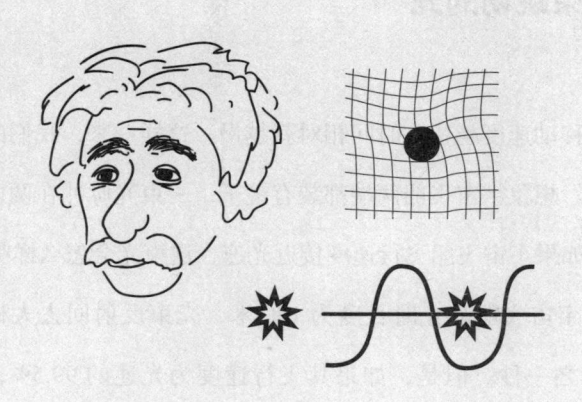

要适应相对论，爱因斯坦不仅反转了时间，还压缩了空间。

光速恒定带来的另一个奇怪问题是，物体在沿原有方向运动时，其体积会缩小。如果物体的运动速度与光速一致，其长度就会变为零。这个现象被称为洛伦兹 – 菲茨杰拉德收缩，由洛伦兹和菲茨杰拉德两位物理学家于1889年提出，为迈克尔逊 – 莫雷实验失败提供了解决方案。后来，爱因斯坦证明这种收缩并非一个实际的物理收缩，而是时空性质的后果。

追随那束跳动的光

我们移动速度越快，时间相对就越慢。这样一来，我们的身体也收缩了。想象宇宙飞船两端都装有镜子，一束光脉冲在两面镜子间跳动。如果宇宙飞船飞行速度接近光速，这束光会怎么样呢？

如果宇宙飞船静止时长度为150米，光束反射回去大概需要一百万分之一秒。但是，如果其飞行速度为光速的99.5%，则光速折返的时间会增加10倍，也就是说光束来回一圈的时间在十分之一秒左右。问题是，这束光在从尾部到达头部的过程中，它是以接近光速的速度远离尾端的镜子，因此从尾到头的时间要大于从头到尾的时间。回程时，因为尾部镜子也在向光束移动，所以

爱因斯坦与洛伦兹

时间会更短。但是，无论镜子在光束哪里，光束始终会以相同的速度在其间移动，即 300000 千米/秒，因为光速恒定。

爱因斯坦提出一个问题：如果我以光速飞行，在面前摆一面镜子，我能否从中看到我自己？如果光束以光速向后运动，这束光怎样才能到达镜子？通过这样的思想实验，爱因斯坦创立了狭义相对论。答案是，爱因斯坦能够在镜子中看到自己，因为无论他的速度与光速多么接近，光在他和镜子间来回移动的速度始终保持在 300000 千米/秒。

在计算时，为了保证光速始终恒定，我们不仅需要放缓时间，还需要减掉光束移动的距离。根据时间膨胀效应，如果移动速度为光速的 99.5%，则移动距离减小 10 倍。

宇宙飞船和机组成员的体积不会缩小。运动物体只会在其运动方向上有所变小，与运动方向垂直的其他维度并不会。因此，在相对运动物体静止的观察者看来，这个物体相较于其静止时的状态有所扭曲。

这种长度的变化对机组人员来说并不明显，只有与飞船保持相对静止状态的观察者才能明显观察到这一变化。机组人员甚至看到你收缩了，这就好像在他们看来，迅速经过的是你一样。

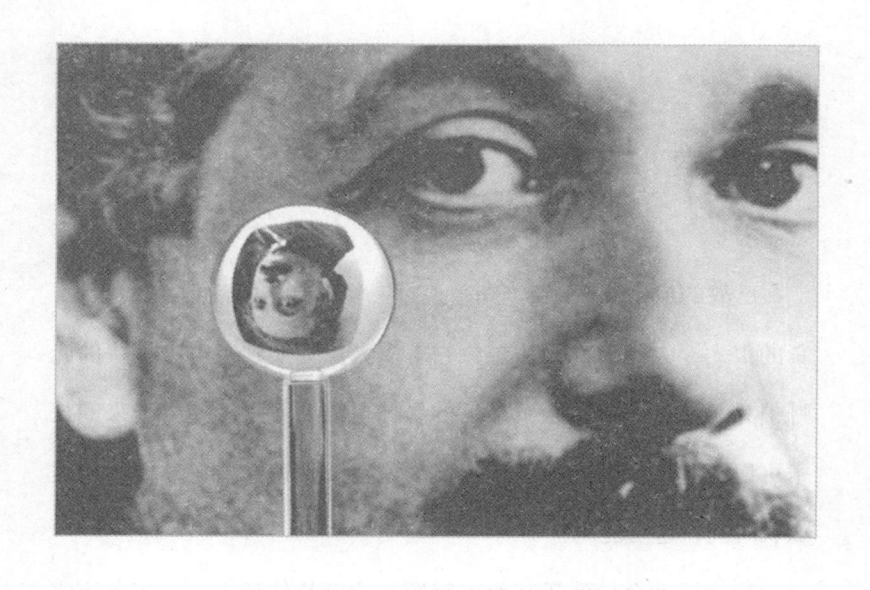

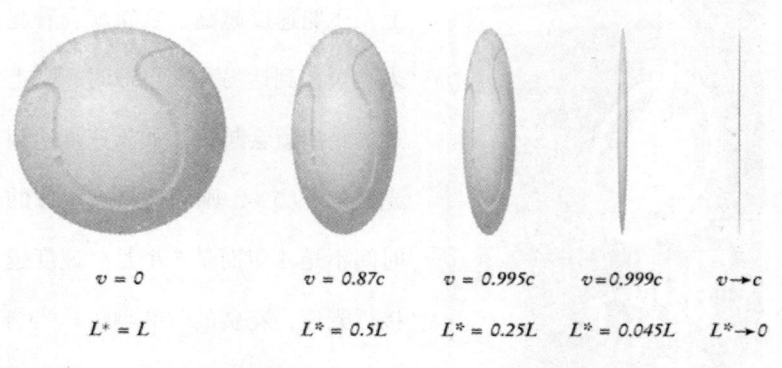

$v = 0$　　　　　$v = 0.87c$　　　$v = 0.995c$　　$v = 0.999c$　　$v \to c$

$L^* = L$　　　$L^* = 0.5L$　　　$L^* = 0.25L$　　$L^* = 0.045L$　　$L^* \to 0$

爱因斯坦对洛伦兹－菲茨杰拉德现象的推导

第九章　爱因斯坦是如何解释洛伦兹—菲茨杰拉德收缩的？　　085

勇敢探索

已故的道格拉斯·亚当斯曾说过一句很有名的话:"宇宙很大,真的很大,大到你都无法想象它有多大。"大到宇宙中最快的光哪怕只是从太阳到达距其最近的星球也需要4年。如果未来的技术可以让我们以近光速的速度运动,也许到达这些星球便不用这么长时间,这可能吗?

高速运动会导致运动距离缩短,这就是佐证之一。想象宇宙飞船高速飞行在两个星球间的铁轨上,飞船速度越高,铁轨就会看起来越短,到达另一个星球时,它走过的距离就会越短。如果速度达到光速的99.5%,则到达最近星球的时间不是4年而是5个月。速度越接近光速,花费的时间越短,当然这也有不好的一面。也许你还记得,飞船上的钟表比地球或其他地方相

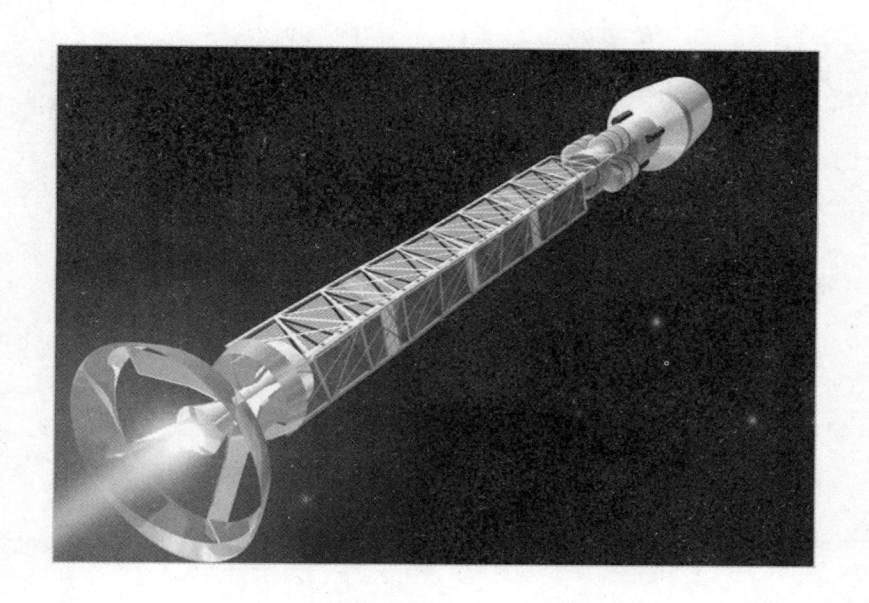

对静止的钟表慢 10 倍。所以，尽管根据飞船上的时间，这段旅行仅仅花费了 5 个月，但根据地球上的时间，其实 4 年已经过去了。飞船速度越快，飞船时间与地球时间的差值就越大。

无时间

任何事物都无法以光速运动，当然，光本身除外。那么像光子，也就是一个光量子，它在宇宙中的运动是什么样的呢？事实上，它的运动距离缩短为 0，它的时钟也会停止摆动。对于光子来说，这段运动既没有距离也没有时间，相当于光子没有用任何时间便从宇宙的一端到了另一端，这是因为在光子看来，宇宙被压缩成了 0 长度，光子被发射出去的瞬间便被吸收了。在光子看来，好像自己从未存在过，毕竟没有时间可以证明自己的存在。所有这些已经超出了人类认知的范围，但正如爱因斯坦所说：

"我们能拥有的最美好的体验就是神秘感。它是最基本的一种情感，是真艺术与真科学的摇篮。不知道神秘感为何的人不会思考，不会惊异，他虽然活着，但灵魂已死，他的眼睛没有光芒。"

第十章

什么是时空？

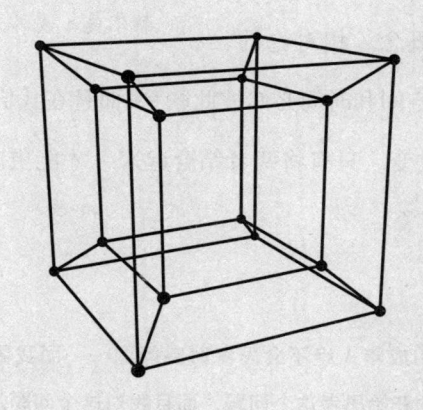

爱因斯坦指出，虽然时间与空间可以改变，但宇宙时间这个新概念是绝对的。

爱因斯坦发表狭义相对论一年后，德国数学家赫尔曼·闵可夫斯基写道："空间本身和时间本身终将化为虚无，只有将两者结合起来才能形成独立的现实。"

爱因斯坦认为我们应该抛弃绝对时间和绝对空间的概念，转而引入时空概念。相对论的数学现实显示，空间和时间必然彼此联系，而且在我们接近光速时，两者都会发生改变。只有将两者结合起来，才能更准确地描述我们所观察到的现象。

赫尔曼·闵可夫斯基肖像

"正常的成年人绝不会思考时空问题……而我因为发育太慢，成年后才开始思考这个问题，而且我对这个问题的思索比所有成年人和孩子们都深得多。"

爱因斯坦在给诺贝尔奖得主詹姆斯·弗兰克的信中这样写道。爱因斯坦认为思考时空问题的人一般都是孩子，而非成人。

块状宇宙

为更形象地认识时空，物理学家引入了块状宇宙这个概念。我们把宇宙想象成一个很大的矩形盒子，它有四个维度，其中时间就是它第四个维度。是不是有点复杂？我们简化一下，把这个空间拆成二维的平面，把自左向右延伸的第三空间维度换为时间，其中的一个切面就是某个瞬间的块状宇宙。在这个扁平宇宙的任何地方发生的任何事都可以标注在盒子中，它的坐标可以显示出事件发生的时间和地点。事实上，时空块状宇宙能标志出所有事件、过去、现在和未来。

块状宇宙的时间是怎样从现在回到过去？一种观点是"现在"是某个瞬间的切面。时间随着切面间的跳转流逝，每个跳转都非常细微，根本无法察觉。另一种观点是时间线上的所有事件切面同时存在，无论是过去

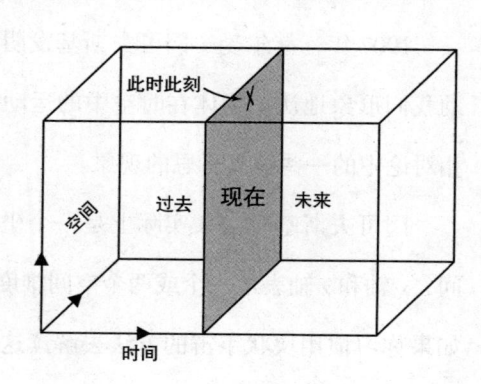

的还是将来的，但因为我们无法跳出这个四维的时空，所以我们看不到。

究竟时间是像翻书一样进入未来，还是未来本来就已经存在且不可更改？爱因斯坦的相对论为我们展示了一个时间与空间紧密联系的宇宙。我们知道，受时间膨胀和长度收缩影响，处于相对运动的参照系中的观察者们可以将时空切分为空间部分和时间部分。如果没有参照系中的坐标和标尺，我们便没有办法说某个时间持续了十秒。处于相对运动状态的观察者们也就无法就某件事情发生的时间达成一致。

闵可夫斯基时空表

1907年，赫尔曼·闵可夫斯基发明了闵可夫斯基时空表，帮助我们形象地认识物体在时空中的运动，并以图表的方式解释了相对论中的一些匪夷所思的现象。

闵可夫斯基时空表实际上是一个坐标体系，纵轴y轴表示时间，x轴和z轴表示一个或两个空间维度，整体就像一个透视图。如果你习惯用块状宇宙的方法去解读这个坐标系的话，这里的时间切面是全部垂直堆在一起的，底部就代表过去。每一个切面都是一个类空间超曲面。实际上，这些时空快照都是三维的，并非平面，但块状宇宙是四维空间，我们想象起来就会比较困难。

闵可夫斯基时空表并没有用点来代表一个物体，而是用一条线，这条线就包含了所有时空点，它就是这个物体的世界线。如果物体处于匀速运动状态，那么它的世界线就是一条直线，如果有任何外力作用，直线就会弯曲。如果一个物体的世界线与另一个物体的时间线相交，则两个物体在该点出现碰撞。时间轴的单位通常为秒 × 光速，所以光线的时间线与各轴成45度角。

光的运动速度是最快的，这制约了时空中事件之间的影响。如果可能的话，一个事件衍生出的所有光速世界线会向外延展形成一个不断变大的圆圈，就像池塘中小鱼跳起形成的涟漪一样。想象这些飞快的圆圈一个接一个地堆在时间线上，这些圆圈一个比一个大，经过堆叠，它们便形成一个头朝下的圆锥，顶

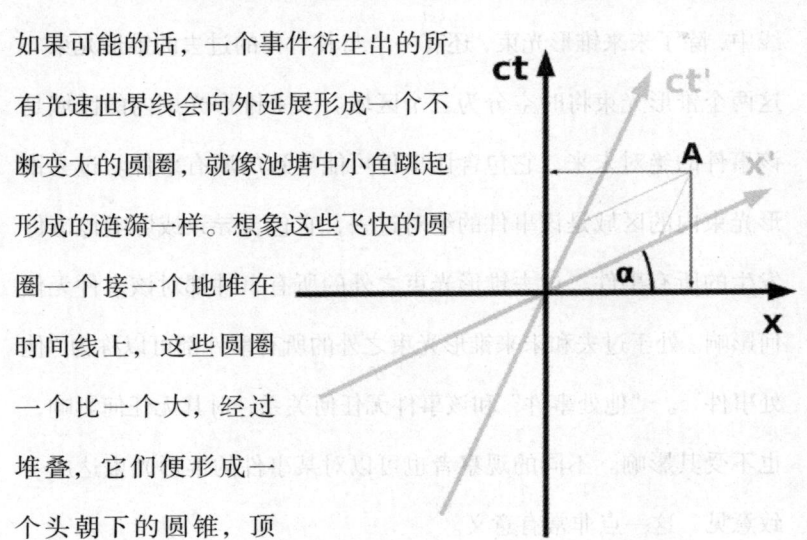

端就是这个时间的起始点，这个圆锥被称为锥形光束。这个事件未来的锥形光束可以标志出时空中对该事件有影响的所有未来事件。因为光移动速度最快，所以处于锥形光束以外的所有事件都不可能影响这一事件或者获悉这一事件。

由该事件衍生出的世界线中，除了未来锥形光束，还有一个与其对称的过去的锥形光束。这两个锥形光束将时空分为三个区域。未来锥形光束内的区域是该事件的绝对未来，它包含该事件可能导致的所有事件。过去锥形光束内的区域是该事件的绝对过去，它包含导致或影响该事件发生的所有事件。过去锥形光束之外的所有事件都对该事件无任何影响。处于过去和未来锥形光束之外的所有事件都可以称为"他处事件"。"他处事件"和该事件无任何关系，对其无任何影响，也不受其影响。不同的观察者也可以对某事件的锥形光束达成一致意见，这一点非常有意义。

> **懒学生**
>
> 爱因斯坦在苏黎世理工学校读书时曾师从闵可夫斯基，他的学习态度并不受老师喜欢。在与马克斯·玻恩谈论相对论时，闵可夫斯基曾说："爱因斯坦上学时非常懒，能发现相对论真是让人大吃一惊……那时他都懒得学数学。"

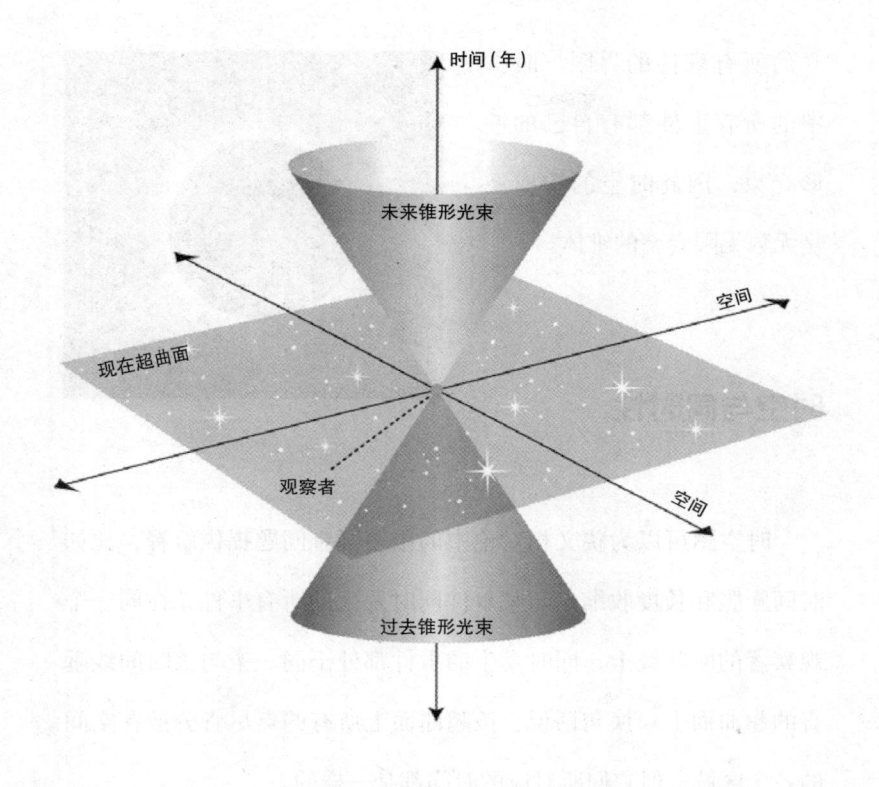

图中标注：时间（年）、未来锥形光束、空间、现在超曲面、观察者、空间、过去锥形光束

英国物理学家斯蒂芬·霍金曾以此分析太阳熄灭后对地球的影响。因为光从太阳到达地球需要时间，所以太阳熄灭八分钟后，地球才会进入该事件的未来锥形光束，我们也就才能获知此事。在此之前，我们完全不受太阳熄灭的影响。

并不是所有事件都会发光，所以没有光也可以形成锥形光束。简单来说，锥形光束就像一幅时空地图，展示出与中心事件有关联的所有事件的界限。时空中的所有事件都有自己的锥形光束,因此时空的构成便是无数无限套叠的锥体。

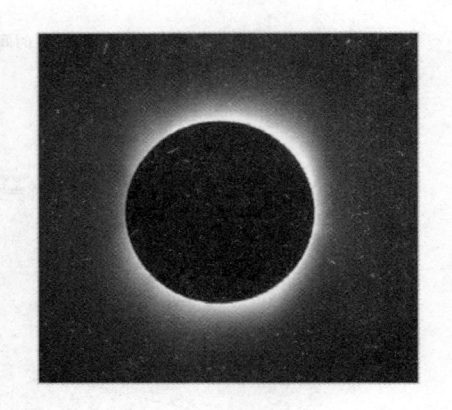

时空与同时性

时空图可以为狭义相对论中的很多疑难问题提供解释,比如时间膨胀和长度收缩。与某事件同时发生的所有事件,在同一个观察者的时间线上,同时发生的事件都处于同一个与该时间线垂直的超曲面上。换句话说,该超曲面上所有的点尽管分散在空间的各个区域,但它们所对应的时间都是一样的。

现在出现了第二个观察者,与第一个观察者处于相对运动状态。第二个观察者的世界线与第一个观察者的世界线形成一个夹角,这导致两者的超曲面切片也互相倾斜,这就意味着观察者二与观察者一无法就某些事件的一致性达成一致。

这一点非常值得反思。1905 年,爱因斯坦震惊了物理学界。在此之前,大众普遍认为每个人对时间的感知都是一样的,也就是说我们都处于时空的同一页上。事实上，我们对于时空的认识多多少少都有些差别。

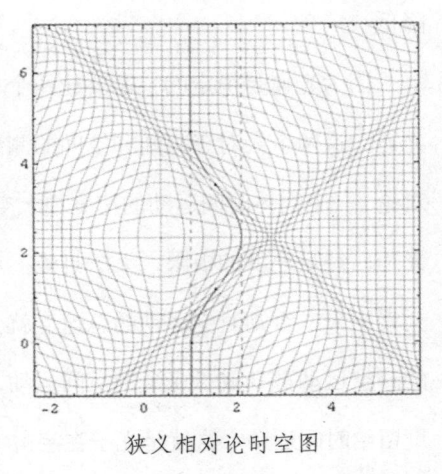

时空穿梭

狭义相对论时空图

假设你坐在一架朝正南飞行的飞机上，飞行员进行航道矫正后，飞机转为朝西南方向飞行。现在，飞机虽然仍然朝南飞，但因为还要往西飞，所以它的速度不如之前快。这与时空有什么关系呢？

旧牛顿物理学认为穿越时间与穿越空间是两件完全不同的事，但爱因斯坦不这么认为，他认为两者密不可分。如果你是静止的，那么你在空间中是不移动的，这时你通过时间在时空中移动。当你移动时，你在时间上的移动便部分转移为空间上的移动。飞机转变航道后，它的部分速度用于带它向南飞，部分速度用于带它向西飞，它的整体速度就会降低。同理，当你移动时，之前的时间运动就会有一部分用于空间运动，你整体的时间运动速度也会降低。

因为光速是恒定的，若要让两个相对运动的观察者得出同样的光速，这两个人对于时间和空间的测量必定是不同的。根据狭义相对论，一个物体时间运动的速度加上空间运动的速度正好等于光速，光速已经是速度的极限，无法打破。对于运动中的物体，时间必然会慢下来，否则时空运动的总速度就会超过光速。在光速下，所有的时空运动都变成了完全的空间运动，因为根本不会再有多余的速度留给时间运动。这就是光子在宇宙中转瞬即逝的原因。

运动速度越接近光速，相对论效应对时间的影响就越大。相对论效应也适用于空间运动，即便是低速的空间运动也是如此。

原子钟实验显示，随飞机飞行的时钟比地上的时钟慢几千万分之一秒，这个差距虽然很小，但却与相对论预测完全吻合。

绝对时空

爱因斯坦对"相对论"这个名字十分不满，他说虽然像运动、距离和时间的持续这类事情是相对的，但它们也全部发生在不变的时空中，而时空完全受光速支配。绝对时空是理解狭义相对论的关键，它取代了牛顿物理学的绝对时间和绝对空间概念。事实上，爱因斯坦更喜欢将自己的理论称为恒定论，因为时空和光速都是恒定的。最好的《爱因斯坦传》出自物理学家亚伯拉罕·派斯之手，他曾说爱因斯坦非常擅长两件事："他知道如何设定恒定原理以及如何利用统计波动。"

所谓恒定是指在任何变化下都保持不变。圆就是恒定的，因为无论你怎么转动，它都是圆。立方体只有旋转90度时才是恒定的，如果我们将其从一面朝上变为一边朝上，它看起来就会不一样。爱因斯坦认为狭义相对论的中心即是光速恒定。无论测量者是谁，无论他们本身移动多快，光速始终是恒定的。

第十一章

为什么能量等于质量乘以光速的平方？

这是科学界最有名的方程之一，但它到底是什么意思？

前面我们已经讨论过匀速运动，当一个物体运动速度接近光速，它对应的时间会变慢，它的长度在其运动方向上会收缩。但导致物体运动的原因是什么呢？牛顿曾说，一切物体在没有受到外力影响的时候，总保持匀速直线运动状态或静止状态。动力学主要研究力与运动的关系，爱因斯坦结合相对论，提出了著名的能量方程式 $E=mc^2$。

这个方程式发表在一篇只有三页的小论文上。1905 年 9 月，这篇题为《物体的惯性同它所含的能量有关吗？》的论文被提交至《物理年鉴》，这可以算作狭义相对论的终篇。

力与动量

运动中的物体具有动量，动量是衡量运动数量的值，动量等于体积乘以速度。体积或是速度有一个增加，物体的动量便会增加。当两个运动中的物体相撞，两者间的动量也会互相转移。这种能量与动量的交换会形成力，作用在两个物体上。力可以衡量两者间能量和动量的转换率。力、能量和动量的关系可以用以下方程表示：

能量是什么？

等式中的 E 代表能量，但能量究竟是什么？早在 19 世纪 40 年代，物理学家威廉·汤姆森（后来的开尔文勋爵）便使用了这一术语，这也是该术语在当代的首次启用。当时，汤姆森意识到很多运动过程的驱使力量都与能量体系和能量形式的转换有关。能量有多种形式，比如我们肌肉中的化学能量可以支持我们的运动，还有动能，也就是运动的能量，另外还有势能，比如拉弓时弦上的能量。除此之外，还有电磁能、热能和原子能。有了能量，万事才能发生；没有能量，就什么事都不会发生。能量越多，它所能做的事情就越大。如果我们形容某个物体非常有能量，这说明这个物体能做很多事情。科学家们认为宇宙的能量是有限的，能量可以从一种形式转为另一种形式，能量不能被创造，也不能被毁灭。

动量 = 力 × 作用力持续的时间

能量 = 力 × 作用力持续的距离

以上方程对牛顿物理学和爱因斯坦相对论均适用。

无论物体间的相互作用如何，能量值是固定不变的，最终的能量总值与最初的能量总值一致，动量也是一样。牛顿第三定律也来源于此，即"对于任何运动,作用力和反作用力总是大小相等,方向相反"。火箭发射时，火箭向上的动量与发动机喷出热气向下的动量相互抵消。

根据经典物理学，理论上我们可以将任何我们想要的能量传

输到一个物体里,并将其加速到任何我们想要的速度。要做到这一点,只需要将一个足够大的力尽可能长时间地施加到这个物体上,如此一来,它的速度可以超越光速。当然,相对论不会认同这个观点。在相对论物理学中,我们可以给物体施加一个力,从而无限增大物体的动能。但是,无论这个力多大,无论我们施加时间多长,物体的移动速度永远不会超过光速。在经典物理学框架下,人们想当然地认为物体的质量不会发生变化,所以增加动能只能通过提高速度。但是,爱因斯坦却认为随着物体速度的提高,它的质量也会增加。当物体速度接近光速时,其本身动能的

增加更多是来自其质量的增加而非速度的提高。

就像时间膨胀和长度收缩效应,物体本身并不会意识到质量的增加。宇宙飞船上的工作人员并不会因为其速度接近光速而感到自己越来越重。只有外围的观察者可以明显察觉到物体质量的增加,因为与飞船相比,观察者处于相对静止的状态,他可以看到飞船本身也是加速的阻力之一。

相对论认为,所有物体均不可能达到光速,因为在接近光速的过程中,其质量也会无限增大,随着自身重量的增加,它再加速需要的能量也会增加。爱因斯坦发表相对论时,人们就已经发现射线管中的电子在接近光速后,要将其加速会越来越难,但那

质量是什么？

对于这个问题，也许最简单的解释就是看这个物体包含多少"东西"。质量与重量不同，你可以通过测量重量来测量质量，但这个质量是引力质量。10公斤土豆肯定比5公斤土豆质量大，但测量地点不同，引力就会不同，称重就会不同。比如，同样10公斤土豆，在月球上称就只有1.6公斤，但土豆总量不变，也就是说土豆的质量是一样的。质量也可以显示惯性的量或者对运动的阻力，也就是说物体都有惯性质量。根据牛顿力学，力等于质量乘以加速度（F=ma），所以我们也可以通过施加的力来判断一个物体的质量。

时大家以为这是由电子与电磁场的某种关系所致，后来爱因斯坦证明这是由于电子质量增加的缘故。

动能

动能也就是运动的能量,可以通过以下等式得出:

$E=1/2mv^2$,即动能等于质量乘以速度平方的一半。这个等式对于日常"低"速运动来说没有问题,但速度越接近光速,这个等式就会越不准确,因为这时质量会增加。

运动的物体质量会增加,同时物体也因为运动而拥有了动能。物体运动速度放缓后,其动能也会减小。静止的物体动能为零,

但一个物体的质量不可能为零，它最小的质量被称为静止质量，运动中的质量被称为相对质量。

最终，$E=mc^2$

有了上面的做铺垫，我们终于可以引出那个著名的等式。当一个物体以非常接近光速的速度运动，任何施加在它上面的力，任何可以施加能量和动能的力均可以让其质量增加，但它的速度不会增加。回顾力、能量和动能的关系，我们会发现获得的能量等于力乘以施加该力时物体移动的距离。既然该物体的速度接近光速，在相同时间内该物体移动的距离应该与光移动的距离接近，因此我们可以得出以下等式：

E= 力 ×c

（其中 E 代表能量，c 代表光速）

从第二个关系里，我们得出动能等于力乘以该力作用的时间，由此我们可以得出第二个等式。动能等于质量乘以速度，在力的作用期间，质量增加，速度总是保持在接近光速的状态，因此我们可以得出：

力 =m×c

（其中 m 代表质量）

这两个等式结合得出：

E= 力 ×c=（m+c）×c

等式简化得到：

$E=mc^2$

硬币的两面

爱因斯坦的等式有力地说明能量与质量是同一件事。如果一个物体获得或失去质量或能量，那根据 $E=mc^2$ 等式，它就获得或失去一定量的质量或能量。目前，我们只讨论了动能，这个等式适用于其他形式的能量吗？比如，如果一个物体温度下降，它会失去质量吗？实际上它真的会。温度是衡量物体中原子和分子运动速度的指标，所以根据等式，它们运动速度越快，物体质量就越大。

爱因斯坦认为这个等式还可以解决波兰物理学家玛丽·居里的一个奇特发现。居里夫人观察到一盎司的放射性镭每小时可以产生 4000 卡路里的热量，而且可以源源不断地产生热量。她不禁想，这些能量是哪里来的？爱因斯坦认为，镭在放射热量的同时也在损失质量，但那时还没有仪器能够精确地测量出镭在产生能量时损失的那些微小的质量，因此也就无法通过实验验证爱因斯坦的解释。爱因斯坦写道："这个想法非常有趣，但上帝会嘲笑我还是会指引我，我也不知道。"

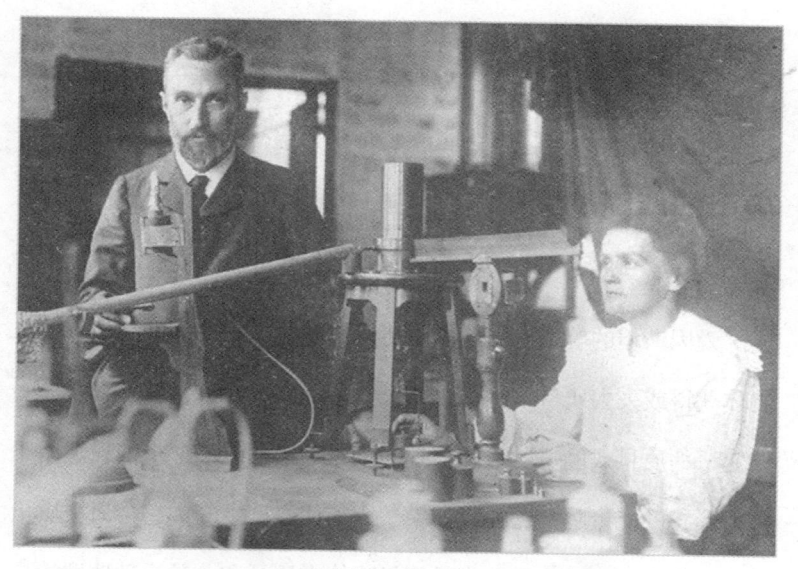

居里夫妇在做实验

多年后，也就是 1948 年，爱因斯坦用下面这段话解释能量与质量是同一件事：

"根据狭义相对论，质量与能量只是表述不同，其内涵是相同的。$E=mc^2$ 中能量等于质量乘以速度的平方，这表示哪怕质量只增加一点也可以转化成非常大的能量，反之成立。根据上面的等式，我们可以得出质量和能量是等同的。"

光速是一个很大的值，光速的平方当然就更大了。这表示少量的物质也可以产生巨大的能量。物理学家理查德·沃弗森计算得出，一个葡萄干中储藏的能量便能满足纽约这个城市一天的需求。

第十二章

爱因斯坦是如何用相对论解释引力的？

狭义相对论只是开始，现在爱因斯坦必须找到方法，将引力纳入考量。

这是 1915 年，爱因斯坦提出广义相对论时面对的第一个问题。在狭义相对论中，爱因斯坦只探讨了匀速运动，他选择性地忽视了加速运动和引力的影响。他这么做主要是想让计算简单一点。

1919 年 11 月 28 日，爱因斯坦在《泰晤士报》上写道："相对论就像一座两层高的建筑物，一层是狭义相对论，一层是广义相对论。狭义相对论是广义相对论的基础，适用于除引力外所有的物理现象；广义相对论则为万有引力定律提供了解释，并阐释了引力与自然中其他力的关系。"

7 年间，爱因斯坦通过大量的工作建立了广义相对论。物理学家丹尼斯·奥弗比曾说爱因斯坦为完成相对论"大概付出了物理学史上由单人完成的最大、最持久的努力"。结果就是他为我们展示了一个与以往完全不同的宇宙，爱因斯坦有一次颠覆了我们对于宇宙运转的理解。

引力谜题

爱因斯坦遇到了一个难题。狭义相对论成立的前提是光是宇宙中最快的物体，这与牛顿有关引力的看法相悖。牛顿认为，引

力的作用转瞬即现，比如地球围绕太阳转，航天探测器探访冥王星或者跳伞者降落回地表等，引力作用的时间没有丝毫延迟，其传播速度明显比光快。如果某天太阳消失了，那么地球几乎瞬间就会被弹出轨道。但根据爱因斯坦的说法，这根本不可能，因为地球要在八分钟之后才会进入太阳的锥形光束。

无论如何，牛顿的万有引力定律已经通过无数观察和实验的验证。那引力是如何发挥作用的？显然，即便距离很远，和物体没有接触，引力依然可以发挥作用，而且不像其他力，我们根本无法躲避引力的影响。牛顿的定律只告诉我们如何计算引力，并没有解释引力的形成原因。牛顿些许偷懒地在《自然哲学的数学原理》中写道："我将这个问题留给读者们思考。"

加速

爱因斯坦认为，当处于匀速运动状态时，我们无法证明自己在运动。所有相对彼此匀速运动的观察者都可以说自己是静止的，其他人在运动。

加速运动完全不同。当我们改变速度或方向时，我们自己就能感觉到。不用看窗外，我们就能知道火车转弯，因为我们的身体也会偏向一边。当飞机在跑道上加速起飞时，我们会向后倚靠座位。即便毫无线索，我们也能知道电梯是在上升还是下降。加速时，我们能感受到惯性力，即改变速度与方向时的阻力。火车转弯时，我们会感到一个力在阻止我们向一边倾斜；汽车遇到颠簸，杯中的咖啡洒出来也是这个原因。

一，二，自由落体

伽利略曾在比萨斜塔做过一个传奇般的实验，实验显示一块小石头从塔上掉落到地面的时间与大石头一致。这是因为两块石头加速度相同，加速度与质量无关。伽利略不知道如何解释这个现象，但牛顿的运动第二定律（力等于质量乘以加速度）为我们提供了答案。将相应数值带入等式后可以得出地球上下落物体的加速度均一致，即9.8米/秒（其他星球会有不同）。无论物体组成如何，其在引力影响下的加速度均一致，这个现象被称为"自由落体的普遍性"或"等效原理"。爱因斯坦认为等效原理成立，并以此为基础提出了自己的引力理论。

之所以会有这个现象是因为在牛顿的理论中，物体的惯性质量和引力质量完全一致。爱因斯坦认为这并非偶然，要想找到一个行得通的引力理论，他必须先为这个现象找到合理的解释。

意大利比萨斜塔

爱因斯坦最快乐的想法

爱因斯坦"最快乐的想法"大概诞生于 1907 年的 11 月。那时，爱因斯坦意识到引力与加速度是等同的，如果没有参照，两者甚至无法区分。1922 年，爱因斯坦在日本京都讲学时说，"我坐在伯尔尼专利所的椅子上，突然想到：一个人在自由落体时是感受

不到自身重量的。那时我很吃惊，这个想法虽然简单，但却深深影响了我，帮助我建立了引力理论。"

我们想象一个非常不幸的场景：你在摩天大楼顶层的电梯里，缆绳突然断裂，你开始急速下落。如果留心观察的话，你会发现一个很有意思的现象：脚对地面的推力消失了，如果你从地面上跳起，你不会再落下去，就好像引力消失了一样。目前没有实验可以验证在失重情况下，我们是会朝向地面还是自由漂浮在外太空。闭上眼睛，把自己想象成一个失重的宇航员（此情此景下，这样会舒服一点）。所有物理原理在这两种情况下都适用。

盒子中的爱因斯坦

在另一个著名的思想实验中，爱因斯坦又有了新的发现。想象一个物理学家在一个盒子中苏醒，他不知道，这个盒子已经离开地球，现在正在外太空中做匀速运动。如果物理学家在盒子中扔东西，在惯性影响下，这些东西应该会落到盒子的"底部"，其运动方向与盒子的运动方向相反。按照伽利略和牛顿的说法，无论物理学家扔什么，无论质量多大，成分是什么，它们的运动应该都是类似的。基于观察，物理学家可以得出盒子里存在引力场。

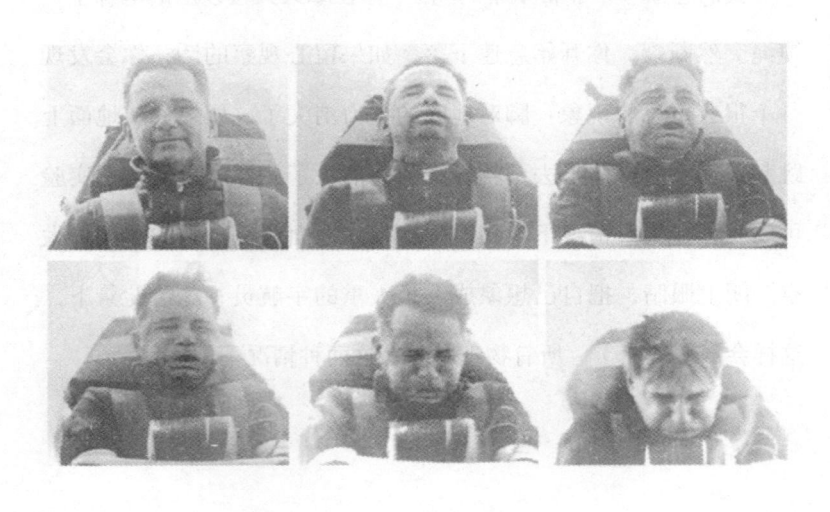

呕吐彗星

为了训练宇航员，美国航空航天局将飞机改装，使其可以沿抛物线飞行，模拟自由落体运动，由此宇航员可以体验近20秒的失重飞行。这架著名的飞机被称为"失重奇迹"，又因为失重会使某些人呕吐，它还被称为"呕吐彗星"。在研发的飞行路线中，飞机可以飞40到60个抛物线。首先，飞行员驾驶飞机呈45度角起飞，然后减小油门让飞机减速，之后使飞机头朝下完成抛物线飞行。当飞机完成俯冲开始上升时，乘客和机组人员能感受到两倍于平常引力的力。

爱因斯坦认为这并非一个类似引力场的效应，这就是一个引力场。他提出了等效原理，即匀速运动的效应与引力的效应无法区分。加速运动也会产生引力场。爱因斯坦的等效原理认为，盒子中的物理学家是否在做加速运动取决于观察的视角。盒子中的物理学家会认为自己就是一个引力场，没有加速，但盒子外的观察者则认为盒子正在失重空间做匀加速运动。这两种观察视角都具有说服力，这说明惯性质量和引力质量等同。

红移

爱因斯坦的等效原理预测，电磁辐射在远离一个引力水井时，其波长会延长，这个现象被称为引力红移。通过爱因斯坦 $E=mc^2$ 和普朗克有关能量与频率关系的 $E=hf$ 公式，我们很容易便可以得出：当光子远离一个引力场后，它会失去能量。因为光子以光速运动，这

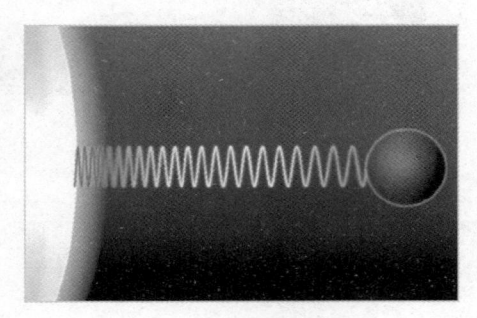

红移现象假想图

光线弯曲，时间变慢

爱因斯坦意识到等效原理带来的一个结果就是引力会让光线弯曲。想象物理学家所在的那个盒子正在太空中加速运动，这时一个光子正好穿过这个盒子，因为盒子正在向上加速，所以光子应该会向下落。但是，引力场等同于加速运动，这个原理在这里也适用。

第二个结果是时间在引力场中会变慢，这个效应被称为引力时间膨胀效应，也就是说与同一个大型物体（可以产生一个引力场）距离不同的观察者们，会对两件事间的时间间隔有不同的测量结果。所以，盒子外面的观察者，也就是引力场外的观察者会看到光子沿直线运动，而盒子里面的物理学家则看到光子沿一条更长且弯曲的路线运动。因为光速不变，且光子必须在相同时间内完成以上两个运动，物理学家的钟表肯定要慢一些。

种能量的损耗更会被认为是频率减小而非速度降低。频率减小对应在光谱上就是"红移",即移向频率更小、波长更长的区域。

　　红移带来的另一个结果是时间变慢,但并不明显。如果我们从地球表面向天空发射一束光,位于高空的观察者会看到光的频率变小,也就是说波峰与波峰之间的时间间隔在变长。对高空中的观察者来说,地球上发生的一切都变慢了。广义相对论的这一推测在1962年被证实。实验人员将两个原子钟放在同一个塔的塔顶和塔底,结果塔底的钟确实比塔顶的钟走得慢,这个偏差与预测一致。

　　红移的第二个例子被称为宇宙红移,这也成为宇宙扩张的佐证,后面我们会谈到。

解决孪生子佯谬

　　之前,我们提到过孪生子佯谬的问题:双胞胎之一乘宇宙飞船以光速运动,回到地球后发现自己比待在地球上的兄弟年轻了。从相对论角度看,飞船离开空间站或是空间站离开飞船都是说得通的,但对孪生兄弟来说并不是这样。飞船需要先加速到光速

（返程时，它还需要减速、转弯才能回到地球）。加速度与引力等效，既然引力可以延缓时间，那么加速度也可以。在太空中飞行的双胞胎之一之所以比其兄弟年轻，是因为他在加速，而他的兄弟没有，两者的情况并不对称。这再一次说明相对论中不存在绝对时间，时间是一种因人而异的事物，由一个人所在的地点和运动方式决定。

在等效原理的基础上，爱因斯坦又提出了相对原理，即在任何参照系中，物理学的所有原理都受狭义相对论制约。这两个原理构成了广义相对论的基础，由此时空概念不再局限于狭义相对论，而是延伸到了物理学的所有领域，尤其是引力论。

第十三章

有关引力的本质，爱因斯坦怎么说？

数百年来，人们都认为引力是两个物体之间的吸引力，但爱因斯坦认为引力只是时空框架中的一个变体。

引力与时空是什么关系？广义相对论的核心观点是引力并非两个物体之间的作用力，而是时空扭曲的结果，这种扭曲由物体本身造成。物体越大，其周围的时空曲线就越多。

引力与潮汐力

想象两个宇宙飞船沿平行轨迹以相同的速度在空间飞行。在此期间，它们不受任何外力影响，始终沿直线飞行。现在想象两个飞船飞到一个星球下方。根据牛顿的理论，星球的引力会对飞船施加一个力，使飞船脱离原有路线，最终相遇，因为两个飞船都受星球引力中心吸引，都会向宇宙中同一个点移动。正是因为方向的差异使得两个飞船之间的距离不断缩小。物理学家将这个力称为"潮汐力"，因为是月球对地球和海洋的引力差形成了潮汐。

潮汐力也证明引力不会完全"断掉"，即便自由落体也不会。一个和人差不多大小的物体在地球上做自由落体运动时也会有潮汐力存在，因为这时脚距离引力中心近，头距离引力中心远，所以脚部感受到的引力比头部大，虽然差距很小，但却真实存在。

土星

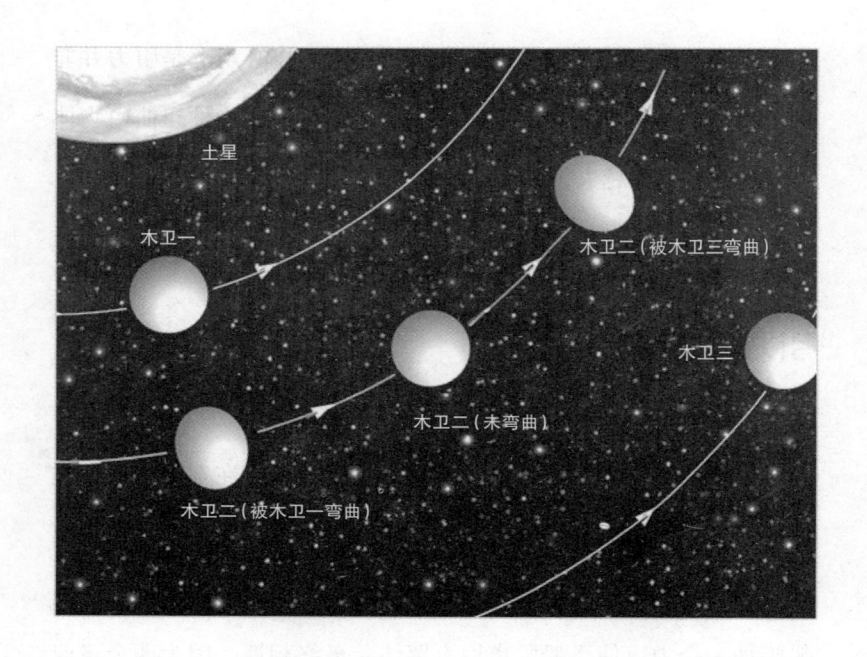

木卫一

木卫二（被木卫三弯曲）

木卫三

木卫二（未弯曲）

木卫二（被木卫一弯曲）

弯曲的表面

我们在学校都学过平面几何，比如三角形三个角相加永远都是 180 度，两条平行线永远不会相交等等。但是，总有办法使两条平行路线相交。

球体的表面也是平面，但这一次我们将平面弯曲，这时几何原理也会有所不同。球体上不存在直线，或者说任何弯曲的平面上都不存在直线，但我们可以尽可能地画出相对比较直的线。数学家们将这些相对比较直的线称为"测地线"。在球体上，两点之间的最近距离总是在大圆上，大圆就是可以在球体上画出的最大的圆。航空公司就用这个原理规划两个机场之间的最短航线。

现在我们先忘掉宇宙飞船，想象两个超音速燕鸥沿平行路线同时由赤道向北极飞。在飞行路线不变的情况下，它们还是会在北极相遇。在飞行期间，它们都未受外力影响，但正是因为它们沿球体飞行，所以不可避免地，它们总会相遇。要明白其中的原理，我们可以用三条相交测地线在球体表面画一个三角形，底线在赤道上，代表两个燕鸥之间的距离。赤道上的两个角都是直角，因此初始路线互相平行，但两条线最终在北极，也就是三角形顶点相交。你可能突然发现，这个三角形的三角之和大于180度。

只有从更大视角看这个球体时，我们才会发现这个平面是弯曲的。即便走一天，我们也不会意识到自己正走在球体的表面上，但向上升几十千米或者直接到空气层中，我们便能瞬间意识到地球其实是个曲面。任何曲面都是这样：小范围的曲面表面和真正的平面并没有实质差别。

弯曲的时空

爱因斯坦利用曲面的这一特性展示了引力的工作原理。对于小范围的时空,引力确实不存在,比如匀速漂浮在空间的那个装有物理学家的盒子。盒子里的所有内容均遵从狭义相对论的时空定理。我们可以将狭义相对论(未涉及引力)中的时空类比为一

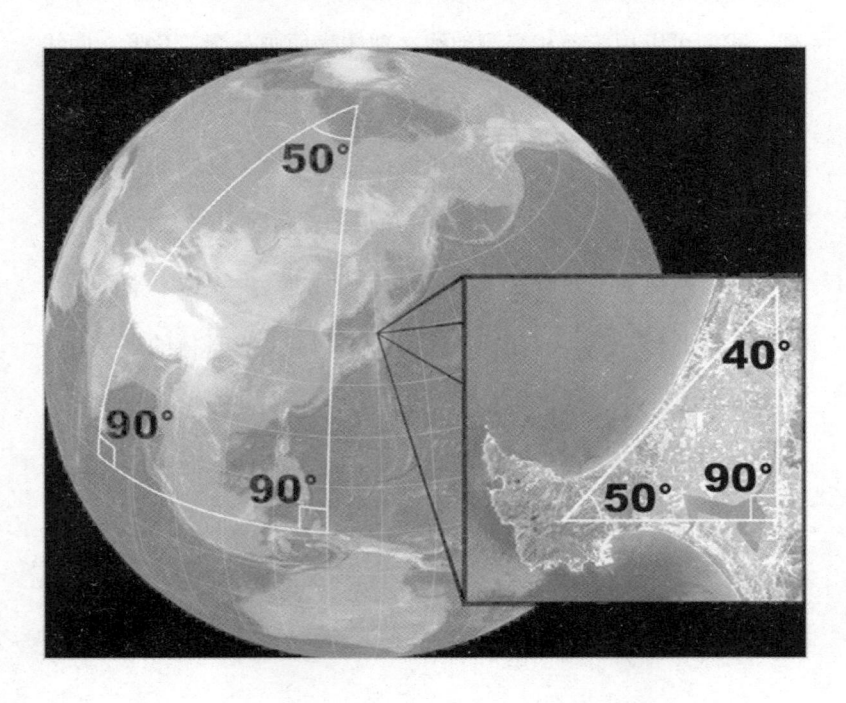

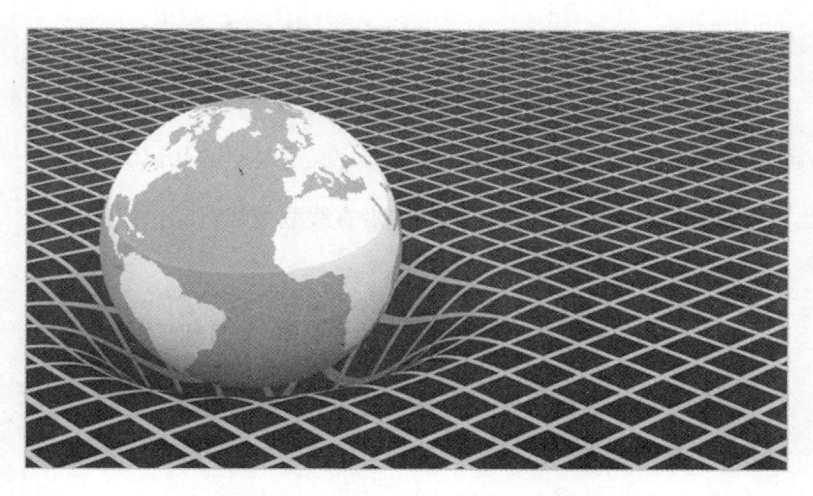

爱因斯坦关于引力波在空间中传播的设想

个平面，便于我们直观地研究时空上的运动。一个物体匀速地在时空中运动，只要没有外力影响，它会始终沿直线运动。

现在我们加入引力，比如在物理学家的运动路线中放置一个大型天体。根据牛顿的理论，这个天体会对周边所有物体施加一个力，于是这个倒霉的物理学家第一次感受到了加速度，他的运动路线开始弯曲，带他向这个天体飘去。

爱因斯坦的引力论另辟蹊径，他认为质量不会施加力，而是会扭曲时空。空无一物的时空（狭义相对论中的时空）就是一个平面。但当一个物体出现时，时空便开始弯曲，就像球体表面没有直线一样，这时时空上也不存在直线。和球体一样，在弯曲时空中，我们可以得到的最直的线也是测地线。实际上，朝天体飘去的物理学家并没有脱离其原有的直线路线，只是天体的出现扭曲了时空，直线变成了曲线。这重新定义了时空的几何学。从广义相对论的角度看，时空中的物体沿直线测地线运动，但从三维角度看，这条路线是曲线。

地球也使时空凹陷，在被地球弯曲的时空中，月球沿直线运动，但在我们看来，月球沿圆形（更接近椭圆形，因为月球也会使时空弯曲）轨道绕地球运动。广义相对论预测，引力场也会使光线弯曲，因为时空中的光线也沿测地线运动。这一现象第一次证实爱因斯坦的理论是正确的。

随时空的音乐跳舞

这是爱因斯坦理论的基础。牛顿认为，引力是施加在物体身上的力，能影响物体的运动，但在爱因斯坦的宇宙中，引力是弯曲时空的产物，是时空几何的一个变体。时空中的物体依旧沿最直的路线运动，只是时空已经弯曲，它们必然加速，大家便以为这是受引力影响。

在爱因斯坦看来，物质与时空的交织就像是一出复杂多变的舞蹈。物质使时空几何扭曲，扭曲后的几何结构又影响了物质的运动方式。随着物质的运动和引力源位置的变换，时空中的曲线也不断上下涌动。物理学家约翰·阿奇博尔德·惠勒曾将其简要地概括为："时空决定物质的运动；物质决定时空的弯曲。"

引力波

广义相对论的另一个预测是引力波现象。引力波就像时空中的涟漪，由一些尤为活跃的扰动造成。爱因斯坦的等式显示，黑洞相撞或超新星爆炸这些大变动事件就像丢在时空水池中的大石头，会在宇宙扭曲的空间击出层层波浪，这些波浪会以光速扩展。

1916年，爱因斯坦提出引力波，但直至他逝世后20年，人们才发现其存在的实质性证据。1974年，波多黎各阿雷西博射电天文台的天文学家发现了脉冲双星，即两个沿轨道相互绕对方运动且密度、重量极高的星球。天文学家们认为这个系统可以用来检验爱因斯坦的预测，于是他们开始对这个系统展开更为细致的观察。经过8年精细的数据搜集，他们发现这两个星球确实越来越近，且靠近的速度与广义相对论预测的一致。后来经过40年的严密观测，脉冲星运动轨迹的变化与广义相对论几乎吻合，由此研究人员确定脉冲星在发射引力波。

截至2015年9月，尚无直接证据可以证明引力波确实存在，现有证据多为计算数据，并非实体证据。9月14日，地球上的激光干涉引力波天文台第一次检测到引力波。检测到的引力波由两个距我们13亿光年的黑洞对撞产生，由此可见该天文台绝佳的敏感度。所以，一些极端天文事件确实可以产生引力波，只不过这些引力波到达地球后已经减弱数百万倍。事实上，该天文台检测到的引力波到达地球时，其时空震动强度甚至比原子核还要小，也正因为此，我们完全感受不到引力波的存在。

引力波探测实验场

激光干涉引力波天文台是人类工程技艺与创新力的绝佳展示。它由两台相距 3000 千米的 L 型探测器组成，每个都带有 1 个 4 千米长的真空室。两台探测器配合工作，可以检测到比原子核小一万倍的运动——这已经是目前人类测量精密度的极限，也就是说在测量地球与其最近星球的距离时，我们可以精确到比头发丝宽度还小的程度。

引力波假想图

第十四章

日食如何证实了爱因斯坦的理论？

亚瑟·爱丁顿在一次日全食天文观测中证实了爱因斯坦的相对论等式。

1919 年秋天，波琳·爱因斯坦收到儿子阿尔伯特的明信片，开头写着："亲爱的妈妈，今天有好消息了！亨得里克·安顿·洛伦兹发电报说，英国远征队证实了太阳光的偏转。"

1907 年，爱因斯坦首次提出等效原理，并推断这会导致光的弯曲。那时，爱因斯坦认为这个效应影响太过微小，根本不可能被检测到。爱因斯坦在这方面的第一个预测是一个星球发出的光会被太阳偏转。这个预测与牛顿基于引力定律做出的预测吻合，牛顿认为光由一串粒子构成，但爱因斯坦的预测是错误的。

那时，爱因斯坦还没有研究到时空弯曲，因此也就不知道光线弯曲是受时空弯曲影响。直到 1915 年，他才意识到根据广义相对论，光线在穿过太阳时的弯曲程度是 1907 年计算结果的两倍。有些庆幸的是，人们还没来得及去验证爱因斯坦之前的预测，他就已经自己改正了，在这方面，爱因斯坦是幸运的。1912 年，一支远征队前往巴西观测日食，他们要做的实验之一便是测量光线的弯曲，但因为天气原因并没有

波琳·爱因斯坦肖像

成功。1914 年夏天，第二支远征队出发前往克里米亚观测日食，但因为一战爆发不得不折返回国。

那时，爱因斯坦基于广义相对论的推测与牛顿的推测已经出现了明显分歧，虽然有机会验证谁对谁错，但大家也只能等待战争结束再进行进一步的观测。也有人试图从之前的日食照片中寻找证据但最终也没有成功。爱因斯坦急于证明自己的正确。1916 年，他写书想向更多读者普及相对论。在书中，他写道："验证这个推论是否正确非常重要，天文学家们也希望能尽快解决这个问题。"

1919 年 9 月，两支英国远征队最终得到了爱因斯坦想要的结果。

1919 年的日食远征

天文学家亚瑟·爱丁顿率领一支日食远征队前往西非海岸的普林西比岛观测 1919 年 5 月 29 日的日全食活动。第二支远征队由格林尼治天文台的安德鲁·克鲁姆林率领前往巴西的索布拉尔。

爱丁顿有幸于 1916 年拿到了一套爱因斯坦的理论书，这在战时非常不易。他和皇家天文学家弗兰克·沃森·戴森爵士成了相对论的积极拥护者，开始筹划验证爱因斯坦的理论。

亚瑟·爱丁顿肖像

白天星星的光会被太阳辐射淹没，所以我们只能在晚上看到它们。当然，星星一直都在，在日全食时，月球挡住太阳的光，星星就会出现。爱因斯坦的理论推断，光在经由太阳到达地球时，受太阳附近时空弯曲影响，其运动路线也会有所弯曲。如果该理论成立，星星的位置会与其实际位置发生明显偏离。通过夜间观察，我们可以得到星星的实际位置。

他们要找的弯曲角度实际非常小，大概是从 3000 米远的地方看一枚硬币那么小，但当时的技术已经可以做到。

1919 年 3 月，这两支远征队从利物浦出发，一支前往巴西，一支前往普林西比岛。日食那天早晨，普林西比岛开始下大雨，观测似乎无望。但很快天便晴了，只是日食快开始时，天空还有几片云彩，对观测不利。爱丁顿报告说当时自己只顾着换相机底片，并没有看几眼日食，特别担心云彩会影响星星照片。

索布拉尔队要幸运得多，他们赶上了好天气。之后，两支队

伍对拍摄底片进行了细致的研究。到底谁是正确的——牛顿还是爱因斯坦？巴西这边的照片有一张似乎与爱因斯坦的预测吻合，但另一张又似乎与牛顿的吻合。爱丁顿的底片并没有拍到很多星星，但拍到的那些都与爱因斯坦的预测吻合。爱丁顿断定在巴西

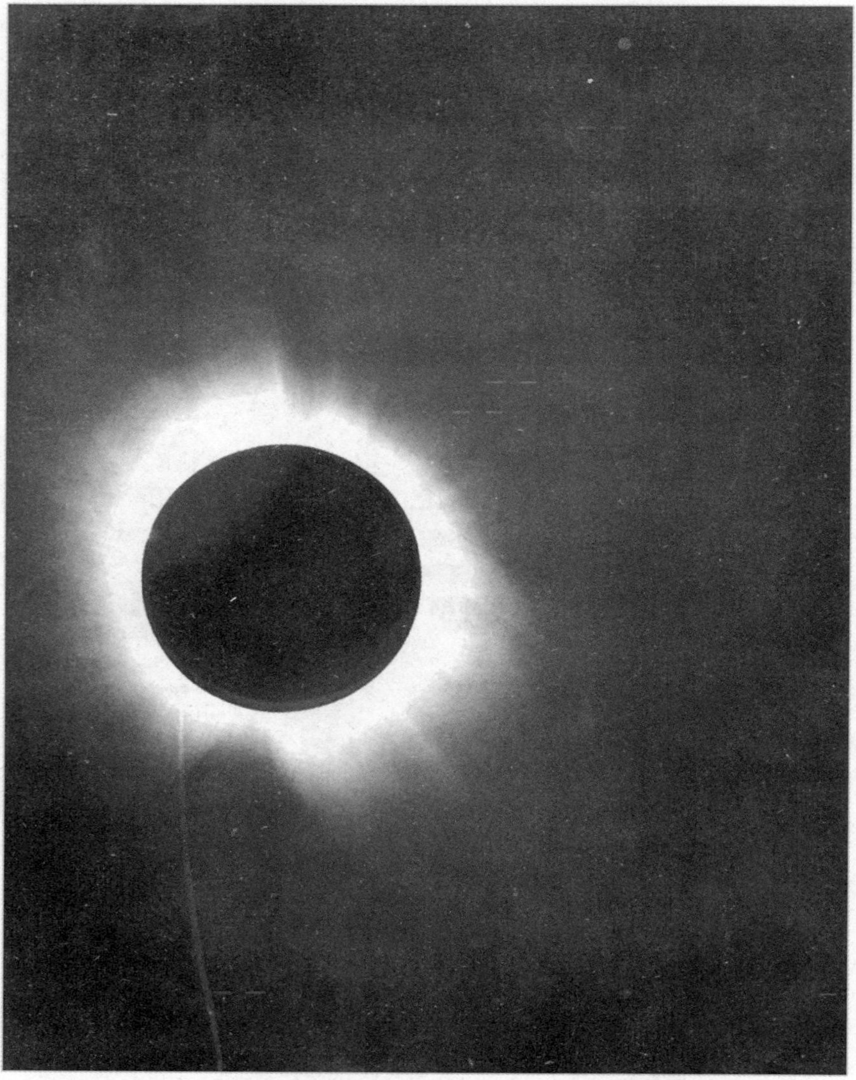

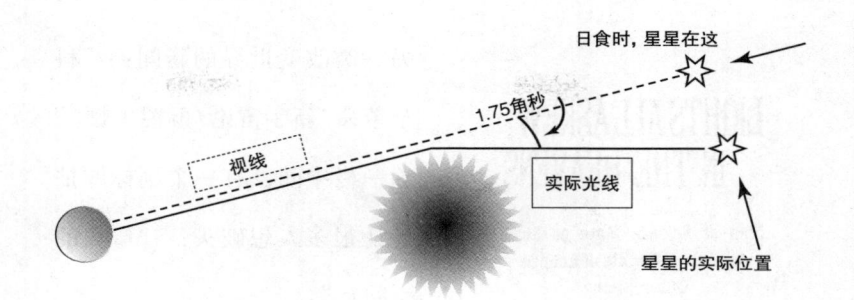

拍摄的部分照片之所以与牛顿预测吻合都是因为设备故障,并宣布爱因斯坦是正确的。

爱因斯坦的老师伊尔思·施耐德听到这个消息后问爱因斯坦,如果观测结果显示他的理论是错的,他会怎么做。对此,爱因斯坦回答说:"那我只能对爱丁顿爵士表示遗憾,因为我的理论肯定是对的。"

其他报道

1919 年 11 月 7 日的《泰晤士报》出现了一些很有趣的标题,比如第 11 页有"休战与条约""战乱后的巴黎"和"对塞尔维亚的战争罪行";第 12 页有更多有关战后的新闻,比如"休战日观察 / 工作间隙两分钟"。如果仔细看,你会在第六栏里发现另一类改变世界的新闻："科学革命/新宇宙论/颠覆牛顿。"这一栏中间，有一个副标题估计让很多人想破头："弯曲的空间。"

爱因斯坦也曾亲自为《泰晤士报》撰文，文章发表于 11 月 28 日那期。基于德国接连发生的很多事，爱因斯坦在文章中做了一个奇怪的预测："读者的品位也符合相对论原理，现在德国读者称我为德国科学人，英国读者称我为瑞士犹太人。但假如有一天人们不喜欢我们，这些称呼就要反过来了，那时我就变成了德国人口中的瑞士犹太人，英国人口中的德国科学人。"

水星来信

天文学在验证广义相对论中扮演了另一个角色。有一个问题

> **另一个是谁?**
>
> 相传,关于亚瑟·爱丁顿还有一个故事。在一次授课中,有人说世界上只有三个人能明白广义相对论,爱丁顿就是其中的一个。爱丁顿迟疑了一会儿后回答:"我在想谁是第三个人。"

一直困扰着天文学家:水星是离太阳最近的行星,其轨道与牛顿的等式并不完全相符。

行星沿椭圆轨道绕太阳运动。1609年,开普勒宣告了这一现象,50年后,牛顿对这一现象给出了解释。既然轨道是椭圆的,这上面必然有一个点距离太阳最近(天文学家将这个点称为近日点)。每个轨道上的近日点并不固定,因为根据牛顿的预测,行星之间也互有引力,近日点也会缓慢绕地球运动,这种轨道的转动被称为岁差。

问题就在于牛顿可以解释所有行星的岁差,唯独水星不行。水星的岁差率总是比牛顿推测的大一点,虽然差距不大,但却不能忽视。

1911年圣诞夜,爱因斯坦写道:

"此时此刻,我又开始思考相对论与引力定律的联系……我

水星图

希望能够解决一直悬而未决的水星近日点长度问题……但到现在还没有头绪。"

天文学家们一直在为水星的奇怪运行寻求解释，也许水星与太阳之间有一个小行星群，也有可能是一个未发现的行星，水星绕轨道旋转时，这个行星就拖在水星上。类似的解释还有很多，只不过没有一个能解决所有的问题。但这些解释的共同点就是它们都认为牛顿的引力定律是对的。

1916年，爱因斯坦开始用刚刚提出的广义相对论来研究这个问题，并向大家证明他的引力论能够完美预测水星的轨道运动。之前出现差异的原因就在于时空弯曲与太阳质量太接近。后来，他的计算结果确实与天文学家的观测吻合。证明自己后，爱因斯坦非常兴奋，他写道："即便过去了很多天，我也还是情不自禁地感到兴奋。"

第十五章

如果爱因斯坦是对的,
那么牛顿就错了吗?

科学探究的本质在于它永不停息,绝对真理并不存在,任何证据都免不了被推翻的命运。

牛顿，请原谅我。在你的年代，你的智慧与创新已经为你达到了那个年代的极致。直到现在，你创造的概念仍在指引着物理学人的思维，但我们知道，只要我们还想继续探索，这些概念终将被取代，甚至被这个直接经验主导的星球所抛弃。

——阿尔伯特·爱因斯坦

艾萨克·牛顿的理论也许在某些微小细节上存在错误，但两百多年来，他的理论无疑经受住了实践的检验。科学探究的本质是真相永远不是绝对的，它只是现有知识对现实的最佳描述。科学定理只是一个看似永远正确的解释或阐述，但科学永远不会停止。牛顿的引力定律以及运动三定律很好地解释了物体的运动。但是 1905 年，阿尔伯特·爱因斯坦出现了，并且证明牛顿的定律并不适用于光速运动的物体。牛顿并没有错，他只是无法想象或遇见自己定律的极限。

牛顿提供了引力作用的计算方式，但他并未为其找到合理的解释。1687 年，牛顿写道：

"我并未从这些现象中找到造成引力具有这些属性的原因，我也无法做出假设……我觉得很荒谬的是一个物体居然可以通过真空，且在没有中间介质传导的情况下对另一个相距遥远的物体

施加力。我觉得任何具备足够哲学思考能力的人都会觉得荒谬。"

爱因斯坦想为引力现象找一个解释,却没想到自己找到的解释居然能做出比牛顿更精准的预测。不过牛顿的定律在"正常情况"(即运动速度低于光速的情况)下依旧表现优异,其精准程度足以帮助人类将探测器由地球发射至冥王星。爱因斯坦并没有证明牛顿是错的,他只是将引力拓展到了牛顿想都想不到的领域。

科学的一个特点或原则是一个理论如果无法经受实验验证,它就什么都不是。理查德·费曼曾说:"无论你的理论多漂亮,无论你多聪明,无论你是谁,只要你的理论与实验不相符,它就

是错的。"

当然，检验一个理论对错需要大量实验。一次实验是不够的，所有结果都需要重复验证。100多年来，牛顿的定律经受住了一次又一次实验的检验。比如，19世纪的天文学家们注意到夜空中最亮的天狼星会稍微偏离其运动路径。牛顿定律认为如果一个物体的运动轨迹与你预计的不同,那它一定受到了某个外力的影响。有人可能会质疑,也许牛顿定律只适用于太阳系,并不适用于整个银河系。但是,如果牛顿是正确的,也许就有一颗未发现的星星在围绕天狼星运动,就是它的引力导致了天狼星的偏离。1862年,人们真的发现了这颗星星。实际上,天狼星属于一个双子星系,即两个星星绕中间点运动,一个是主序星天狼星A,另一个是白矮星天狼星B。因此,这个偏离证实了牛顿定律。

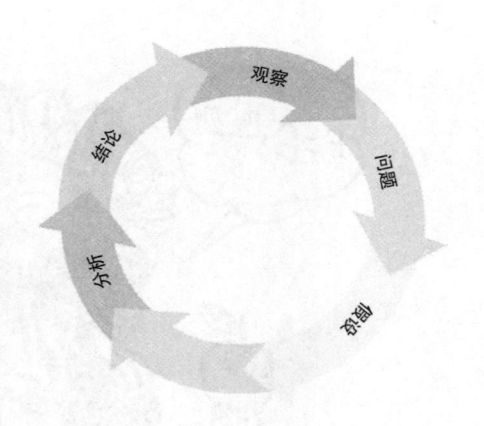

牛顿定律第一次真正遭受冲击是因为它未能为水星轨道偏差找到解释。无论人们如何努力,就是无法在牛顿的《原理》一书中找到解释。尽管天文学家一直在寻找新的行星,并将其命名为祝融星,想为牛顿的引力论扳回一城,但最终也没有在太阳系中找到另一颗"天狼星B"。

只要引力场足够弱,或者所有在引力相互作用下的物体运动速度低于光速,那么广义相对论的预测结果与牛顿引力论的预测

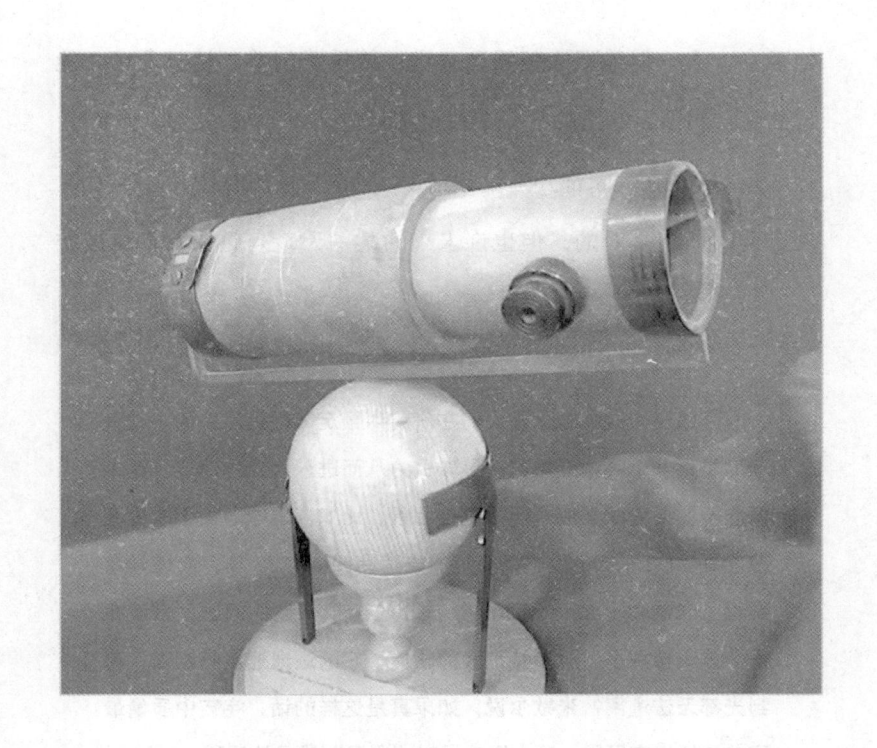

结果毫无差别。当逃逸速度（足以使某物体发射出某一星球的速度）接近光速时，这个引力场就是一个强引力场。所有引力场，包括那个距离太阳最近的弱引力场均会在太阳系中相遇。在速度低、引力场弱的情况下，狭义相对论和广义相对论的预测结果与我们的日常体验及牛顿理论的预测结果并没有差别。

爱因斯坦非常尊重牛顿的成就。他曾这样描述牛顿："牛顿不仅是实验家、理论家和机械师，他还是语言的艺术家……虽然他孤身一人，但他那么坚强和坚定；他乐于创造，精益求精，他说的每一句话，给出的每一个数据都是佐证。"

是的，现在大家都知道牛顿错了，但在牛顿的时代，他是对的。现在爱因斯坦是对的，但也许未来的某一天，当更深的真相被挖

逃逸速度

逃逸速度这个概念是人们在研究牛顿定律时提出来的。逃逸速度是指一个物体能够逃离星球引力从而进入太空的速度，这个概念不需要考虑类似气压等复杂因素。比如，地球表面上的逃逸速度是 11.2 千米/秒。我们知道光速有限。1783 年，物理学家约翰·米歇尔（John Michell）提出一个很有趣的问题：有没有一个体积特别小、质量特别大的物体，它的逃逸速度特别高，高到光都无法逃离？米歇尔说，如果真是这样的话，宇宙中质量最高的物体肯定很黑。这大概就是对"黑洞"最早的解释。

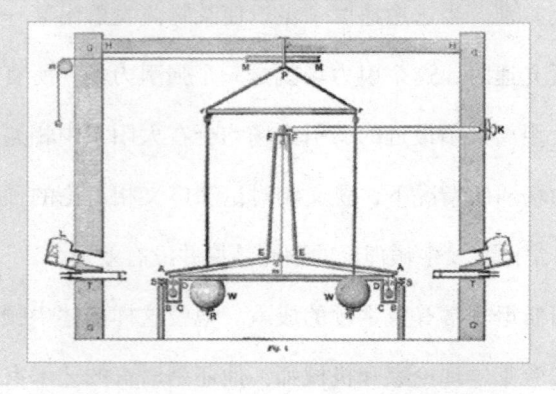

掘，也许我们会发现爱因斯坦也是错的。我们会看到，广义相对论也并非包罗万象，在宇宙的末端，在逃离速度不仅接近甚至超过光速的黑洞里，爱因斯坦正在开始让我们失望。广义相对论也在亚原子范畴遭遇滑铁卢，而我们已经进入量子领域。

少年爱因斯坦

也许有一天，爱因斯坦也和牛顿一样，只是人类探索宇宙运作这一征程中的一大步。不过目前来看，我们所做过的所有实验足以证明广义相对论确实反映了自然运作的方式。广义相对论认为引力质量与惯性质量相等这一点，在实验数据精确到千亿分之一的情况下也是准确的，这已经是目前仪器可以做到的极致。目前我们尚未发现广义相对论的破绽，因此也无须植入新理论。现在广义相对论确实解释了宇宙的运作，但200年前，人们还以为牛顿的引力论也做到了呢！

法国哲学家克洛德·列维-斯特劳斯曾说："科学家并非给出正确答案的人，而是能提出正确问题的人。"

第十六章

为什么相对论没有为爱因斯坦赢得诺贝尔奖？

政局也是影响诺贝尔评奖委员会的特殊因素。

1905年，爱因斯坦就空间、光、运动和原子发表了一系列突破性论文，那时他还是一名26岁的专利所工作人员，除了周边的小圈子，外面的人几乎对其一无所知。爱因斯坦挑战了当时人们的既有认知，他发表的狭义相对论论文没有引用任何文献。所有的科学论文都会引用其他科学家的成果，但爱因斯坦并没有发现任何与他想法一致的科学家。爱因斯坦也不愿意承认科学家们在研究迈克尔逊–莫雷实验中获得的结果影响过自己的思路。

狭义相对论反响平平，爱因斯坦有些失望。其实有关狭义相对论的第一篇论文并不是由爱因斯坦所写，而是1908年马克思·普朗克写的。不像爱因斯坦只是伯尔尼专利所的三流技术专家，当时的普朗克已经名声在外，也正因为如此，开始有越来越多的人

诺贝尔纪念币

接受狭义相对论。1908 年，赫尔曼·闵可夫斯基也就相对论发表了一篇重要论文，并宣称牛顿的引力论与相对论并不相符。

亨得里克·洛伦兹也是致力于迈克尔逊-莫雷实验研究的科学家之一，他提出物体在以太中运动时会收缩。即使自己的某些想法与爱因斯坦相符，洛伦兹仍然表示不能接受爱因斯坦的结论。1913 年，洛伦兹在一次授课中说道：

"我比较认同之前的解释……空间与时间可以完全区分……光速是速度的极限，这个观点非常大胆，但也只是一个假设性的限定条件，我们不能毫无保留地就接受这个观点。"

尽管这样，1912年，洛伦兹与爱因斯坦还是一起被提名为诺贝尔物理学奖的候选人，理由便是他们在相对论方面的成就，当时的推荐人是德国物理学家威廉·维恩，他曾在早些年因为发现质子获得过该奖。

获奖者是……

诺贝尔奖给爱因斯坦的颁奖词是："1921年诺贝尔物理学奖获奖人为阿尔伯特·爱因斯坦，用于表彰其为理论物理学做出的贡献，特别是表彰其发现了光电效应定律。"光电效应确实很重要，而且应用极大，但狭义相对论和广义相对论不是更重要吗？

诺贝尔奖的评选过程是首先瑞典科学院提名5人（那时基本都为男性）组成委员会，之后委员会对诺贝尔奖候选人进行筛选。之前的诺贝尔奖获得者可以提名人选（他们可以提名任何领域的候选人，并不限于自己所在领域），委员会也会选择一些大学，这些大学的教授也可以提名。在20世纪初，这些大学大多是北欧和德语区的大学。1921年之前的10年里，爱因斯坦数次获得提名，

瑞典皇家科学院

但委员会中专门负责撰写资质报告的两人数次表示爱因斯坦并不适合诺贝尔奖。

1903年诺贝尔化学奖的得主斯万特·奥古斯特·阿伦尼乌斯就是这两名委员之一，他也是物理化学的创始人。作为一名物理学家，阿伦尼乌斯非常欣赏爱因斯坦对布朗运动的研究，他认为单凭这一点，爱因斯坦就足以获得诺贝尔奖。但同时，阿伦尼乌斯也觉得因为布朗运动就授予爱因斯坦诺贝尔奖很奇怪，因为爱因斯坦的其他成就明显已经超越了他在布朗运动方面的研究，但那些成就当时尚未得到实验验证，因此也无法提名。

1911年诺贝尔医学奖获得者阿尔瓦·古尔斯特兰德也是物理委员会的成员,他也强烈反对授予爱因斯坦诺贝尔奖。古尔斯特兰德主攻眼科光学,他对理论光学非常感兴趣。爱因斯坦的很多批评家都无法理解广义相对

阿尔瓦·古尔斯特兰德肖像

论,但古尔斯特兰德不是,他只是不认同爱因斯坦只依靠理论不使用实验的研究方法。

和阿伦尼乌斯一样,他也认为狭义相对论缺乏实验论证。有一次,他跟一位朋友说:"即便全世界都要求把诺贝尔奖颁给爱因斯坦,爱因斯坦也不会获奖。"

古尔斯特兰德和阿伦尼乌斯都认为狭义相对论缺乏经验证据。有关广义相对论的著名实验一共有三个,太阳的引力红移就是其中之一。但1922年之前,大部分专家均认为这个实验对爱因斯坦的理论不利。诺贝尔奖委员会1917年报告虽然对爱因斯坦的研究持肯定态度,但其中也提到加利福尼亚州威尔逊山天文台并未发现广义相对论预测的红移现象。委员会由此判断:"即使爱因斯

坦相对论在其他方面表现突出，但仍然不足以获得诺贝尔奖。"直到20世纪60年代，哈佛大学的实验室才确认红移是一个真实存在的现象。

另一个关于广义相对论的实验是太阳导致的光线弯曲。即便亚瑟·爱丁顿爵士在1919年日食远征中得到的结果证明了光线弯曲，这一结论仍然饱受争议。爱因斯坦相对论（无论广义、狭义）最大的成功就在于它解释了牛顿力学都无法解释的水星轨道偏移问题。爱因斯坦认为相对论预测了近日点的偏移，即水星距太阳最近的那个点会移动，这与观测结果一致。古尔斯特兰德声称爱因斯坦篡改计算结果以迎合观测，说这样一来，爱因斯坦的预测结果自然都是准的。当然，事实并不是这样。

古尔斯特兰德一直试图证明相对论的荒谬，但有趣的是，在这个过程中，他却意外跌倒在相对论的一个重要结论上：观察者视角跌入黑洞。古尔斯特兰德认为进入事件视界后，空间会以超过光速的速度被起点吸引进一个天体，这个天体就是黑洞。

爱丁顿的实验结果广为人知后，1920年，一大批科学家提名爱因斯坦为诺贝尔奖候选人，但委员会依旧无法接受。科学历史学家罗伯特·佛里德曼说，委员会不喜欢政治上和学术上都比较激进的人，更何况爱因斯坦不做实验，因此没办法将诺贝尔奖颁给他。1920年，瑞典物理学家查尔斯·埃杜德·纪尧姆因发现惰性镍钢合金获得诺贝尔物理学奖。佛里德曼说，消息宣布之后，世界震惊了，之前默默无名的纪尧姆自己也震惊了。

名人爱因斯坦

1920年初，随着爱丁顿证实了光线的引力弯曲，爱因斯坦名声大噪。虽然他自己并不喜欢这种名气，他还是很有风度、很耐心地处理各种迎来送往。人们会就各种各样的问题征求他的看法，但爱因斯坦其实更想自己待着，继续自己的研究。虽然大多数人并不理解相对论，但人人都想就其谈论两句。普通大众，无论功成名就与否，都成了被宣讲的对象，人们在讲广义相对论原理时总会说：这个理论，你100年后看，依然是正确的。

20世纪20年代，德国讽刺作家、记者亚历山大·莫什科夫斯基发表了一本与爱因斯坦的对话录，其中他曾这样评论社会上的相对论热潮："街头巷尾里，觥筹交错间，恍恍惚惚便以为来到了大学，教授们带领大家脱离凡俗的三维世界，进入四维的极乐园。"

后来，爱因斯坦同意与马克斯·玻恩合作著书，但这让玻恩感到惶恐，因为当时反犹太主义已经抬头，并开始波及爱因斯坦。越来越多的德国民族主义科学家开始把爱因斯坦的观点称为"犹太物理学"，但爱因斯坦对此保持了超然的态度。他说："我并不太在乎这件事，每个人都有自己的观点。我会像一个无关的旁观者一样去经历这一切。"

原子能量

1920年，爱因斯坦前往布拉格讲课，课后大学物理系接待了他。在数番热情洋溢的致辞后，终于轮到爱因斯坦了，但爱因斯坦并没有像大家想象的那样做一番演讲，而是说："我为大家演奏一段小提琴吧，我觉得这个比演讲更令人愉悦。"说完，他便演奏了一段莫扎特的奏鸣曲，他的朋友菲利普·弗兰克形容说这是一段"行云流水"的表演。

据弗兰克回忆，第二天，一个年轻小伙子来到弗兰克办公室见爱因斯坦。小伙子坚持认为根据 $E=mc^2$ 公式，我们可以"利用原子当中的能量制造恐怖的爆炸物"。爱因斯坦说这是个愚蠢的想法，并没有多加理会。

获奖

1921年，爱因斯坦再次获得提名，但再次遭到古尔斯特兰德反对，他表示当年的所有提名人员均不符合阿尔弗雷德·诺贝尔所列的标准，并以此说服了诺贝尔奖物理委员会。根据诺贝尔基金会的规定，如果出现这样的情况，该年度可以暂缓颁奖。这就到了下一年，该发生的终于发生了。

因为1921年并未颁发物理学奖，所以1922年可以有两人获得该奖。和前两年一样，又有很多人提名爱因斯坦，只不过这一年的提名理由里除了相对论还多了光电效应，后者来自瑞典理论物理学家卡尔·威廉·奥森。奥森希望委员会可以将光电效应看作自然的基本定律，而不仅仅是一个理论。他这样做的理由并不是为了声援爱因斯坦，而是为了支持尼耳斯·玻尔的理论。玻尔提出了新的原子量子理论，奥森认为这个理论是那时理论物理学界"所有美好的理论中最美好的一个"。在写给委员会的报告中，奥森甚至夸大了爱因斯坦光电反应与玻尔原子理论的关系，也因此达成了自己的目的。最终，委员会被说服，并于1922年11月

1922 年诺贝尔物理学奖获奖证书

其时，爱因斯坦身在日本，未出席颁奖典礼

10 日将 1922 年诺贝尔物理学奖颁给了玻尔,将延发的 1921 年的物理学奖颁给了爱因斯坦。

爱因斯坦接到这个消息时正在前往日本的途中。他并没有参加颁奖典礼,甚至直到第二年才去领奖。爱因斯坦曾承诺如果获得诺贝尔奖,所有奖金将会放入儿子们的信托,他的前妻米勒娃可以从中提取部分利息,所以最后奖金全部如期转给了米勒娃。

第十七章

爱因斯坦最大的失误是什么？

在相对论中，爱因斯坦引入了一个新的常数以使相对论方程能够符合他的宇宙理论。那么，这真是他最大的失误吗？

当爱因斯坦发表广义相对论时，我们需要明确地知道，自己身处的宇宙究竟有多么大。当时，大多数人认为，银河系即是整个宇宙，除此之外，宇宙里别无他物。当时，用以证明宇宙规模比人类想象大得多的证据还处于积累阶段，人类的辩论也才刚刚展开，讨论的焦点就是银河系外是否还有其他物质存在。

1923年，埃德温·哈勃使用当时世界上最大的望远镜为人们的辩论画下了句号。位于加州威尔逊山天文台的胡克望远镜辨认出了仙女座星云中的星体。哈勃估计，仙女座大星云中的星体距离地球80万光年（最终证明该数值低估了，实际为120万光年）。仙女座是独立的星系，与银河系存在着显著的差异。之后，哈勃陆续观测到其他一些更加遥远的星系。从此，一幅横跨数十

亿光年、超越人类想象的宇宙长卷铺展开来，在每一千亿星系中，都包含着约一千亿颗恒星。的确，我们远非处于宇宙起源的中心位置。

无论宇宙最终能够被证实有多大，人们依旧抱持着另一种宇宙学说，即宇宙是静止的，没有人认为它会膨胀或收缩。1929年，哈勃的又一惊人发现使他一夜成名：来自遥远星系光线的红移与它们的距离成正比。这一发现表明，这些星系正在远离我们的太阳系。它们离我们越远，远离的速度就越快。以2倍速度彼此远离的星系，远离速度也约为 2 倍。对此最好的解释就是：宇宙正在膨胀。

根据哈勃望远镜的观测结果，遥远星系的红移现象并非是由重力引起的，而是由多普勒效应引发的。你或许听说过声波的多普勒效应：当警车从你身边呼啸而过，警笛鸣叫时，警笛离你越远，音调就会越低，听起来就像警笛刻意放慢了音调。当警车向你驶来时，情况则截然相反，警笛的音调会越来越高。类似的效应同样适用于移动物体发射出的光，与光线远离我们、靠近频谱红端并且逐渐提高声调不同，如果物体逐渐接近观测者，光线则向频谱的蓝端移动（蓝移）。

宇宙学红移

多普勒频移取决于物体相对运动，物体在运动时发出辐射。宇宙学红移略有不同。光在穿过不断膨胀的空间时不断被拉伸。宇宙学红移之所以产生，原因在于空间的膨胀，而不是发出光的物体。在不断膨胀的宇宙中，光的传播过程越长，光被拉伸的程度也越大，红移现象也就越显著。

多普勒红移

哈勒观测到，遥远银河系的红移并非引力红移。这是由多普勒效应导致的另一种红移。你或许听说过光波。如果一辆警车从你身旁呼啸而过，警笛长鸣，当车离你越来越远的时候，警笛声越来越浑厚。原因是光波需要更长的时间才能抵达你的位置，从而使声调变得低沉。当警车朝你驶来时，情况则相反，光波需要的时间短了，声调听起来就高了。移动的物体发出的光也是同样的道理，只是最终改变的不是声调，而是光波频率向朝着频谱的红端移动（红移），如果物体离你越来越近，那么光波频率则向频谱的蓝端移动（蓝移）。

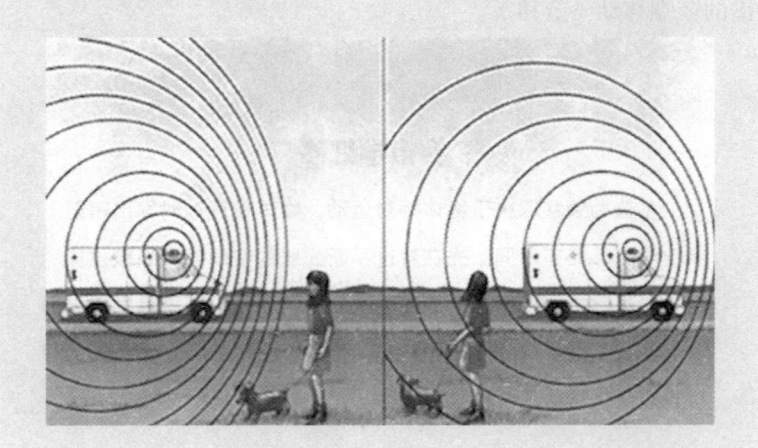

宇宙常数

当然，爱因斯坦的广义相对论证明：宇宙要么在膨胀，要么在收缩。实际上，广义相对论并不仅仅适用于宇宙内的某颗恒星或星球，而是适用于整个宇宙，广义相对论场方程认为：宇宙的规模不断地在变化。广义相对论与静态宇宙理论是相冲突的，因为广义相对论认为，由于存在物质，空间和时间会发生弯曲，从而导致宇宙坍塌。如果宇宙既非静态，也不会坍塌，那么，宇宙就是在不断膨胀。但是，爱因斯坦与当时的所有人一样，认为这个结论显得牵强。

他的担忧是，如果宇宙正在不断地膨胀，从逻辑上判断，它必须有个膨胀的起点。宇宙必须是从某个遥远的起始点开始膨胀的，这个起点包含了所有的空间和时间。爱因斯坦认为这个说法是荒谬的，1917年，他发明了术语"宇宙常数"（他将其称作对引力场方程的"轻微修正"）。宇宙常数代表一种排斥力，这个力能抵消地球引力，使宇宙停止膨胀或收缩。爱因斯坦对于这个新引入的项并不感到兴奋，他承认，宇宙常数"并未被实际得知的引力知识证明正确"。

埃德温·哈勃对于遥远星系红移现象的发现无可辩驳。然而，他也表示，宇宙实际上正在膨胀，当时的热门媒体对此争相报道，这句话也被解读为对爱因斯坦的挑战。爱因斯坦高兴地承认了自己的错误，随后便将宇宙常数从方程中移除，对于常数的非必要性，他也感到开心。他用"杰出"形容威尔逊山天文台的天文学家，并写信给他的朋友米歇尔·贝思，称这个结果"实在令人兴奋"。爱因斯坦没有对自己最初提出的方程保持信任，这令人感到惋惜。如果他坚持下来，他就可以早哈勃10年提出宇宙膨胀说了。

亚瑟·爱丁顿和其他科学家指出，宇宙常数需要宇宙始终保持微妙的平衡，就像一根以笔芯为支点直立的铅笔，因此，宇宙常数不可能适用于所有情况，因为哪怕是最轻微的扰乱都会引发失控，导致宇宙膨胀或收缩。

宇宙为什么不坍塌？

20世纪初期，天文学家和物理学家面对的问题早在200年前就有人讨论过。1692年，牛顿收到了来自牧师理查德·本特利的信。本特利在信中提出,宇宙是无限大的,当时许多人也这么认为,既然如此,无论身处宇宙何处,都应该感受到重力的拉力。那么,宇宙最终会自我坍塌吗?

牛顿尝试对这个谜团做出解释。他认为,如果恒星在空间均匀分布,那么,引力在各个方向的力都是均衡的,这样,宇宙空间才能够保持平衡。但他很快意识到,这个想法是行不通的。任何恒星的哪怕最轻微的运动,都将扰乱这种平衡,从而使整个宇宙轰然坍塌。牛顿和本特莱共同犯了个大错:恒星不是静止的(牛顿的绝对空间理论灵感部分源于"固定恒星"概念)。埃德蒙·哈雷(哈雷彗星即以其名字命名,同时也是牛顿定律的证明者)首先观测到:一些行星偏离了希腊星象图上绘制的方位。

奥伯斯佯谬——夜空为什么不是布满星星?

哈雷指出,无限大的宇宙向人类提出了一个问题。如果宇宙是无限大的,那么,无论往哪个方向看,你都应该能够看到一颗星星,因此,整个夜空都会亮得像太阳一样发亮!很明显,实际上并非如此,这个观点使开普勒得出结论:宇宙并不是无限大的。

随后，这个问题以德国天文学家海因里希·奥伯斯（1758—1840）的名字命名，被称为奥伯斯佯谬。他认为，恒星之间存在物质云，这些物质云遮挡了我们的视线。但是，这个结论同样存在缺陷。它的前提是，十分遥远的恒星所散发的能量使气体云团温度升高，直到云团发光，才使天空中出现光亮。这个回答与埃德温·哈勃的宇宙膨胀学说同时发表：来自宇宙最遥远一端的光线来不及抵达我们的视线，或许永远都抵达不了。宇宙之所以是黑色的，是因为它起源于大爆炸。

海因里希·奥伯斯肖像

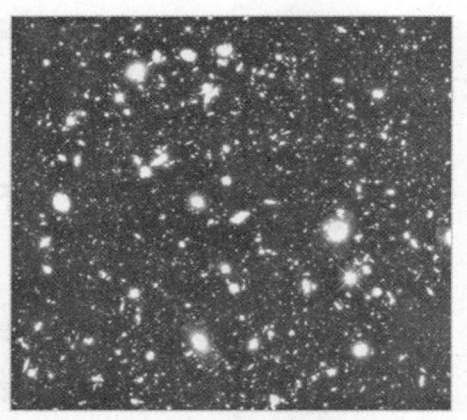

宇宙星空图

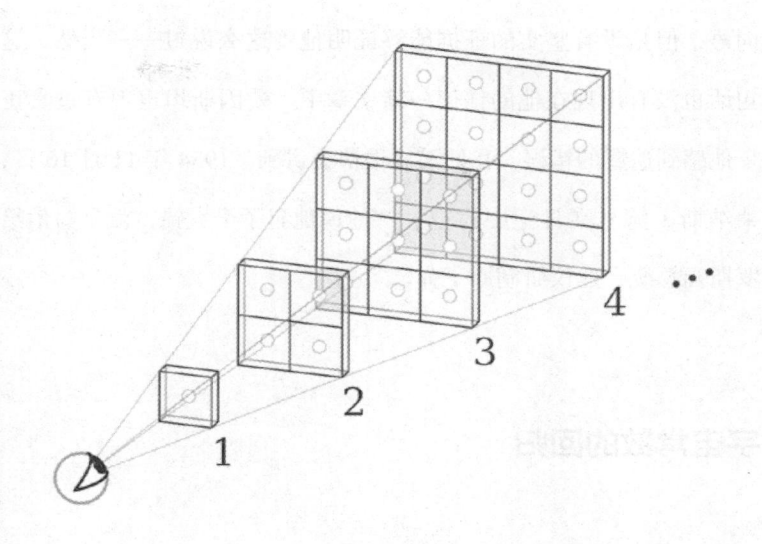

他犯了多大的错？

这是一个常被提起的故事，爱因斯坦称"宇宙常数"是他犯下的"最大错误"。但是，他究竟有没有说过这句话？物理学家乔治·伽莫夫认为爱因斯坦使用过这个

乔治·伽莫夫肖像

第十七章 爱因斯坦最大的失误是什么？

词语，但是没有坚实的证据能够证明他曾这么说过——当然，这句话也没有出现在他的任何一篇文章中。爱因斯坦也曾有过真正令他感到遗憾的错误，我们随后很快会讲到。1954 年 11 月 16 日，莱纳斯·鲍林在日记中写道："他说他犯了个大错，就是写信给罗斯福总统，建议研制原子弹。"

宇宙常数的回归

20 世纪 90 年代末，宇宙学家有了惊人的发现：宇宙不仅仅在膨胀，而且在加速膨胀。加速膨胀的原因是个谜，科学家认为，这是因为有一股"暗能量"在发生作用。大多数观测结果都显示，暗能量和爱因斯坦的"宇宙常数"起着相似的作用，但是，许多宇宙学家对于使用这一术语慎之又慎。有一种假说认为，"虚"粒子和反粒子对在虚空的空间里进进出出，量子力学也已经对这种运动做出了解释。这些粒子的能量或许能够产生排斥力，将宇宙向外缘推挤。在当时仍旧被视为错误的宇宙常数，或许正在促使科学家重新评估他们所认为的宇宙学真理，即粒子物理学和大自然的基本力。

1931 年，在爱因斯坦的第二次美国之行中，他和埃德温·哈勃访问了威尔逊山天文台，他们见了阿伯特·迈克尔逊，即迈克尔逊 – 莫雷以太实验。和爱因斯坦同行的还有他的妻子米列娃，当她得知正在展示的望远镜是用于确定宇宙的规模和形状时，她哈哈大笑起来。

> **爱因斯坦的信封**
>
> 1931 年，爱因斯坦踏上前往美国的第二次旅途。他和埃德温·哈勃来到了位于威尔逊山天文台。他们遇见了年迈的、迈克尔逊—莫雷以太实验的科学家阿尔伯特·迈克尔逊。爱因斯坦的妻子，埃尔莎陪同他一起，在参观望远镜时，当她得知望远镜用于计算宇宙的质量和形状时。
>
> "好吧，"她回答道，"我丈夫通常在一个旧信封的背面完成这些事。"

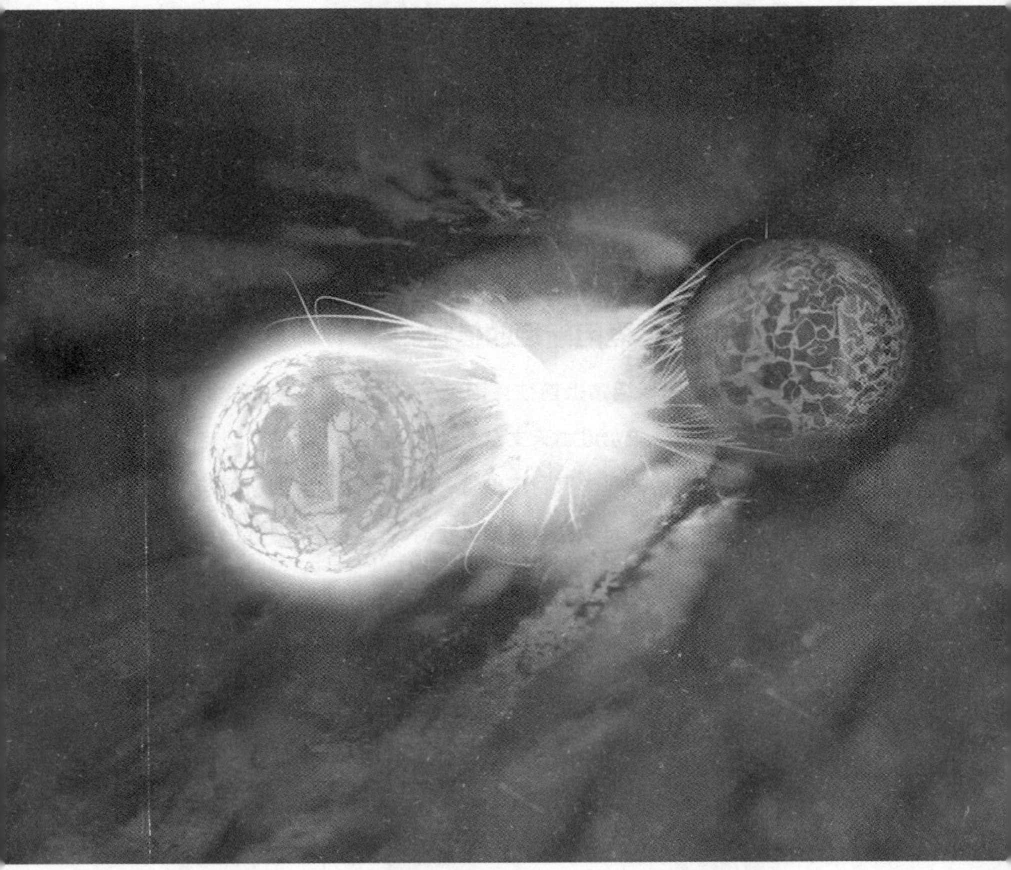

第十八章

爱因斯坦相对论中的哪些观点是错误的?

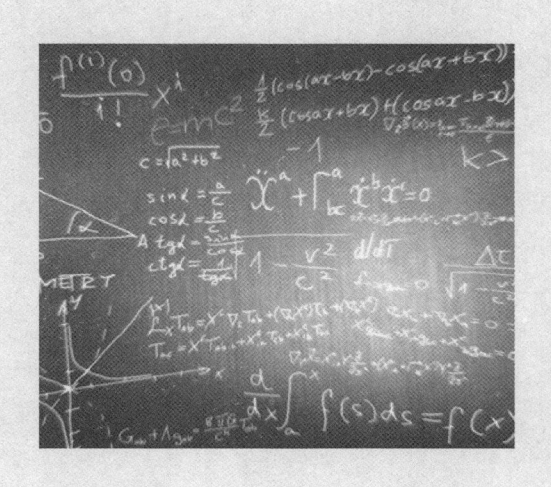

现实中最极端的事件如何体现了相对论,黑洞的事件视界里藏着什么?

广义相对论已日渐成为一种卓有成效的理论，为我们了解宇宙以及宇宙的运行方式提供了新的解释。但是，就像爱因斯坦之前的牛顿一样，依旧存在许多事情，就连爱因斯坦本人也还是无法解释。

物体密度越大，质量越大，引力也就越强。广义相对论预测了黑洞的存在，在黑洞里，物质的密度很大，以至于时空弯曲到无限大，黑洞形成的重力大到任何物体都无法从中逃脱。

脉冲星和中子星

1967年，剑桥大学的研究生约瑟琳·贝尔·伯内尔在射电望远镜中观察到了一种不同寻常的现象。她观测到，天空某处正快速发射出脉冲信号。通过进一步观测，她又发现了有规则的脉冲信号。

一些人认为，这或许是外星智慧生物的标记，并为其取名"小绿人"。

美国天文学家托马斯·戈尔德感到好奇，想弄明白这些信号是否就是中子星。很长一段时间内，天文学家们都在猜测，是否真的存在中子星。一旦中子星的核燃料耗尽了，那么，这些相当于太阳质量4到40倍的恒星的生命也将终结，散落太空，恒星外层将发生爆炸，迸发出巨大的物质和能量，并且转变为超新星。这将极大地提升超新星的亮度，在短时间内，它们的亮度将超过

其他恒星。

恒星外层在爆炸时向太空抛洒出大量物质，同时，恒星内核坍缩。只需几秒，内核密度就会极大地增加，这时，组成它的电子和质子受到挤压，形成了中子。超新星的核心具有了致密天体，数万亿吨的物质被压缩成一立方厘米。此刻，中子星的直径不再是 20 千米，它的体积将超过太阳。如果你将一茶匙的中子星放在地面，它的重量将远远超过一座山的重量。

恒星的坍塌过程中，它将加速旋转，就像一个在冰面上旋转的溜冰运动员，而她的手脚逐渐地都朝身体折叠。坍缩的中子星将以每秒数百次的速度旋转。位于磁场内的中子星将很快加速至光速，并从南北两极发出带有电磁辐射的光线。这时，中子星就像宇宙中的灯塔，发射出两条指向相反的电磁波。只有当这些光束恰好掠过地球表面，被射电望远镜探测到，我们才能知道它们的存在。由于光束射向地球的时间十分短暂，因此，超新星呈现出脉冲式的发射周期规律，因而被称为脉冲星。

值得一提的是，中子星和脉冲星是犹如完美宇宙实验室，将它们用于检验广义相对论再好不过。像中子星这样的星体，通常具有密度大、质量大、引力大的特点，因此，在它们身上，广义相对论的效应就体现得更加明显。例如，只要通过围绕普通星体旋转的中子星所构成的双星系统，人类就可以精确地衡量引力对光线产生的作用。

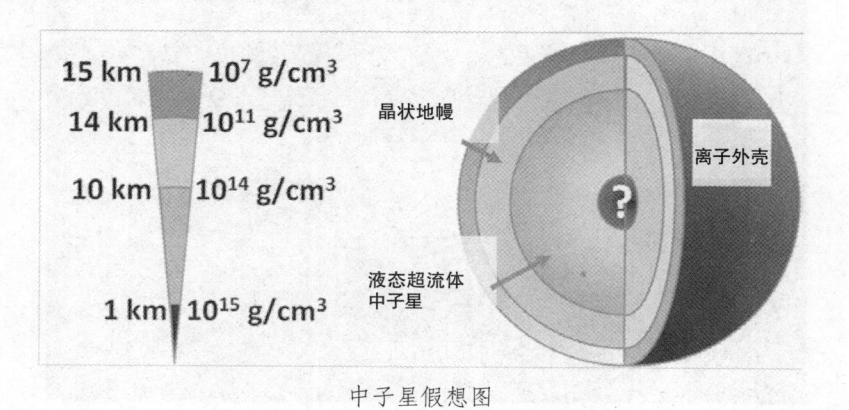

15 km 10^7 g/cm^3
14 km 10^{11} g/cm^3
10 km 10^{14} g/cm^3
1 km 10^{15} g/cm^3

晶状地幔
离子外壳
液态超流体中子星

中子星假想图

黑洞

如果一颗中子星坍塌，会产生什么后果？1928年，印度天文学家苏布拉马尼扬·钱德拉塞卡通过计算得出，如果一颗恒星的体积超出了一定限度，它的引力将超出构成这颗星的原子粒子的承受极限，于是，这颗星最终只能走向坍塌的命运，最终，它将变为一个单一的点，一个奇点，这个奇点将包裹住周围的时空，无一物能够逃脱，甚至包括光线。它就此成为太空中的黑洞。

黑洞并不是一个真正存在的物体，它更像是一块时空区域，

具有独特的性质。这块区域与宇宙其他区域的分界线被称为事件视界。事件视界是一个单向通行的门，物质或能量只能进，绝不可能出。因此，观测者将无法从黑洞中看到光线。这意味着，要直接观测到光线是不可能的，但是，人们可以观测到黑洞对周遭物体产生的影响。

受黑洞的引力影响，与黑洞擦肩而过的恒星和星系的光线将产生弯曲，就像太阳引力使掠过太阳的光线会产生弯曲一样，但前者的弯曲程度要大得多。如果一个物体和黑洞精确地并列着，观测者可以看到，物体发射出的光线将会弯曲，并且绕着黑洞形成一个圆环状。这个环被称为爱因斯坦环。如果星体没有和黑洞并列，即便只是轻微地偏离，爱因斯坦环都不会出现，因此，要

什么是奇点?

爱因斯坦认为,时空弯曲对引力产生的后果之一就是形成了奇点。奇点的组成部分是无限大的。例如,黑洞中心的物体密度可以无限大,因为在无限大的引力的作用下,恒星的质量被压缩成零。在黑洞中心,由于时空有无限大的曲率,空间和时间的消亡也在情理之中。我们所熟知的物理学定律被拆分了奇点,包括相对论。必须说明,爱因斯坦对奇点并不感冒,他认为,在一个合适的描绘宇宙的数学公式中,不该有这种无限数的位置。他认为,奇点本身是不会出现的:"物质无法被任意地聚集……否则,组成物质的粒子将达到光速。"

观测到黑洞十分困难。

天文学家需要采取间接的方式来推导出黑洞的存在。例如,观测附近恒星的不寻常运动。如果构成黑洞的恒星是双星系统的一部分,那么,它将聚拢周围的气体,这些气体来自周围恒星的表层。气体在黑洞周围形成旋涡,形成吸积盘,吸积盘具有高温,足以放射出 X 射线。中子星也可以产生类似的效果,但是,数次观测结果会显示,星体因密度太大而无法形成中子星。在这种情况下,天文学家可以说,他们发现了黑洞。根据人类目前掌握的知识,最近的黑洞位于 1000 光年之外,这么一想,或许你就能睡个安心觉了。

黑洞有多大?

黑洞的体积并不固定。当一颗较大的恒星成为直径约 5 米的超新星时,就形成了黑洞。银河系的黑洞是星系里的核心组成部分,这些黑洞的质量总和相当于数百万恒星的总和,比我们身处的太阳系还要大。另一方面,构成早期宇宙的小型黑洞,它们的体积或许比一粒沙子还小,但是质量却和高山一样重。黑洞的外

超大质量黑洞

如果你认为一个普通黑洞已经很大了,那么,只能说明你还未见过真正的黑洞(你也不可能亲眼见到——因为它是个黑洞……)。射电望远镜发明后不久,天文学家就开始寻找高能射电星系存在的证据。就像中子星一样,这些星系放射出高能粒子光束,这些光束的放射方向相反,但规模都是巨大的。当这些光速与星际气体组成的云层相遇时,就会放射出无线电波,地球上的望远镜就可以探测到这些无线电波。很明显,能量的来源可能只有一个:物质聚集成高密度的集群和高能吸积盘。但是,只有规模达到了相当大的程度,位于中央区域的集群才会达到极大的质量和密度。天文学家相信,这些超大质量黑洞的质量达到太阳质量的 100 万倍以上,它们位于星系的核心,在我们身处的银河系这样相对平稳的星系内也存在。目前所知的体积最大的超大质量黑洞,其重量相当于 210 亿个太阳,几乎超越了人类能够理解和想象的程度。在拥挤的后发座星系团中存在这样的黑洞,而这个星系团由 1000 多个星系组成。

层边界,即黑洞的事件视界,形成了史瓦西半径。

只要构成天体的粒子之间的万有引力影响范围低于这个半径,那么,半径内的引力将大到足以使天体无一幸免地产生引力坍陷，最终形成黑洞。

理论上，如果你可以将其挤压得足够小，任何天体都可以形成黑洞。史瓦西半径通常约为 10—23 厘米，体积比原子核小。

史瓦西半径由德国天文学家卡尔·史瓦西于 1916 年发现。当时，他正在学习爱因斯坦的广义相对论的引力场方程。爱因斯坦发表理论后的几个月内，史瓦西就使用该方程阐述了在一颗球状的星体附近，时空是如何发生弯曲的。

当时，史瓦西也还无法向普鲁士科学院说明自己的发现，因为，当时他身处与俄国军队作战的前线，忙着为德国军队计算弹道数据，因此，他将论文寄给了爱因斯坦，由爱因斯坦协助发表。

由于时空严重弯曲，黑洞的事件视界产生了异常效应。根据观测，假设有人落向了事件视界，那么，这个人将发现时间过得越来越慢，这个现象将持续到他直到抵达事件视界、时间停止。对于跌落进黑洞的人来说，相反面将会实现：他们会看到，宇宙其余区域的时间加速，或许还能看到穿越事件视界时，时间停止的场景。爱因斯坦本人并不相信黑洞可以形成，但是，其他理论家认为，对于一颗质量足够大的星体来说，在它的生命终结之时，它将不可避免地坍塌，形成一个质量超级大的奇点，这时，所有的物理学定律，包括爱因斯坦的定律，都将失效。

第十九章

相对论是如何推导出宇宙大爆炸理论的？

相对论认为，宇宙并非始终存在，宇宙曾有生命开端。

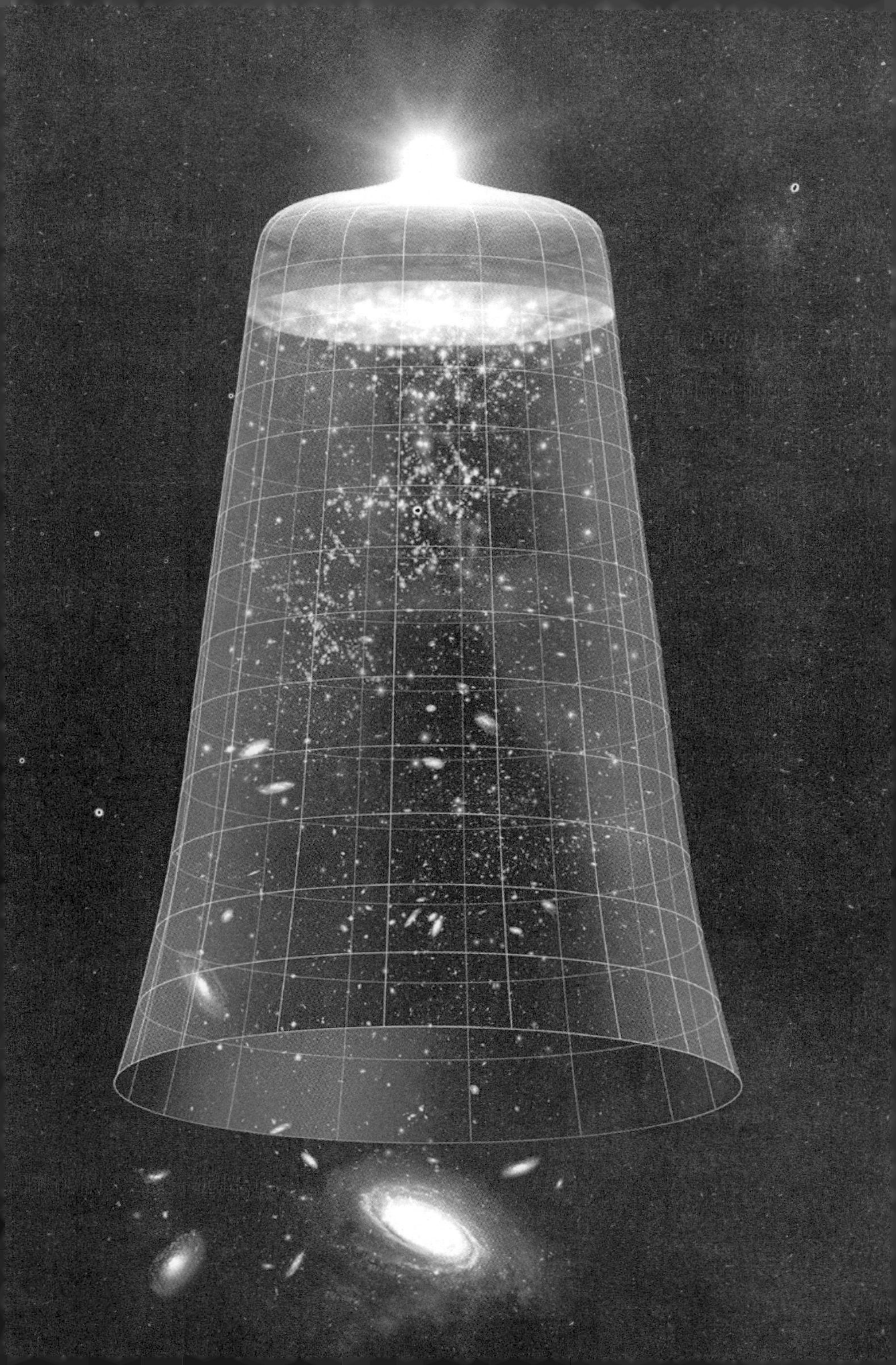

爱因斯坦向全世界发表了相对论后，许多科学家，包括爱因斯坦本人，都试着想看看相对论是如何适用于整个宇宙的。当时，首先需要假设出在宇宙中，物质是如何分布的：如果你观察一个规模足够大的物质，无论你从哪个角度看，宇宙看起来几乎相同。第二，无论你身处宇宙内的任何位置，宇宙看起来都是一样的。也就是说，当物质规模足够大时，看到的宇宙内的物质都是同质的（任何一处都是相同的）且等向的（任何方向都是相同的）。这被称为宇宙学原理。

根据爱因斯坦对相对论原理的描述，以及宇宙内的物质分布假设，我们可以开始建立一幅图景，观察在漫长的时间内，宇宙是如何演化的。我们所观察的图景中，宇宙是从零开始的。如果我们将膨胀的宇宙举起来，扔进时光逆流的旋涡中，使其倒退回过去，我们可以看到一切物质、一切能量、一切空间和一切时间都压缩成了一个点，这个奇点有无限大的密度和引力，同时，它的体积无限小，也就是说，它只是一个零点。这时，爱因斯坦的引力场方程，即万有引力的基石、描述时空扭曲如何影响其中物质和能量的方程，在遇到黑洞中的奇点时，失效了。我们还不知道原因是什么，但是，无论出于何种原因，今天，组成宇宙的一切事物都源于这个零点所产生的一次事件，我们称之为大爆炸。

一切如何开始？

比利时牧师、天文学家乔治·亨利·勒梅特（1894—1966）首先假设，正在膨胀着的宇宙或许存在一个开端。20 世纪 20 年代末，在发表一篇著名的论文《恒定质量的均匀宇宙及其半径增加导致的银河系外星云径向速度》（*A Homogeneous Universe of Constant Mass and Increasing Radius accounting for the Radial Velocity of Extra-Galactic Nebulae*）中，他提出"原始原子"的概念。针对膨胀着的宇宙，他开始为爱因斯坦的引力场方程提出解决方案。他推导出，遥远星系的速度与它们的距离成比例，哈勃的红移算法证明了这一发现。勒梅特认为，在遥远的过去，宇宙中的所有物质都被压缩成一个单一的超级原子。根据勒梅特的理论，这个原子不断地分裂，最终产生了我们今天所见到的物质。他并未使用"大爆炸"一词，但是，他也曾谈起过"没有昨天的日子"。

勒梅特第一次见到爱因斯坦是在 1927 年 10 月于布鲁塞尔举办的第五届索尔维物理学会上。当时，爱因斯坦已经阅读了勒梅特的论文，两人一同展开了讨论。对于涉及的数学运算，爱因斯坦没有任何批评，勒梅特的论文无懈可击，但是，爱因斯坦不同意勒梅特的解读方式，甚至称这种方式"难以忍受"。对于勒梅特来说，不幸的是，当时的爱因斯坦还坚持他的宇宙静态理论和宇宙常数。

1933年，两人再次相遇，爱因斯坦更愿意接受勒梅特的观点，此时的爱因斯坦已经放弃了宇宙常数。爱因斯坦接受了宇宙在膨胀的观点，但还未接受奇点的理论。他建议勒梅特修改模型，希望他能够做出修改，避免使用宇宙奇点。很快，勒梅特就证明，即使修改了模型，奇点仍不可避免。

冷却的宇宙

二战之后，拉夫·阿尔夫和乔治·伽莫夫猜想，最初，宇宙是由原子粒子"热汤"形成的，温度高达几十万亿度。他们将这碗"原子汤"称作"伊伦"。随着宇宙的膨胀，能量也随之扩散到更大范围的太空中，从而冷却。阿尔夫和他的博士生导师伽莫夫想证明，他们所设想的初始条件能够对宇宙中各种各样的元素做出合理解释。一些元素，例如氢和氦，都是很常见的，还有另外一些元素，例如锡和金，则稀少得多。

他们花费了数月进行运算，发现了宇宙膨胀时，温度和密度下降会产生的影响。他们的研究结果是，氢和氦应该是目前为止最常见的元素，一个氦原子意味着同时存在十个氢原子。这个精确的比例是天文学家已经确认的。

1948年，阿尔夫和罗伯特·赫尔曼共同发表了一篇论文，预测宇宙早期起源产生的辐射应该依旧可探测。他们计算，这个"宇宙微波背景辐射"的温度约为绝对零下268摄氏度。这是宇宙大爆炸时所爆发出的残余辐射，能量大到难以想象。阿尔夫尝试着说服天文学家对这些时间起源之时产生的回响进行搜寻。不幸的是，当时的设备条件无法驳斥或证实他们的理论，因此，这一预测被或多或少地遗忘了将近20年。

1964年，美国无线电天文学家阿诺·彭齐亚斯和罗伯特·威尔逊的发现最终证实了大爆炸的规模。在测试一台名为霍穆德尔号角天线时，他们注意到，设备看似搜寻到了来自天空的噪音。起初，他们以为是鸽子粪便导致了设备故障！但是，当他们清理完设备，也就是射杀了鸽子后，他们却发现，噪音来自大气层外的各个方向。无论在任何时间进行探测，噪音都没有任何不同。

在同一时间，物理学家鲍勃·迪克和吉姆·皮博思正计划开

宇宙背景辐射图

展一项实验,以测验拉夫·阿尔夫的理论,即宇宙早期的辐射还留有残余。他们设想,来自早期星体的光线在进行宇宙穿行过程中进行了大规模的红移,在我们看来,就是成了微波辐射。彭齐亚斯和威尔逊听说了他们的实验,便与他们取得联系,询问是否发现了迪克和皮博思所寻找的对象。迪克证实,神秘信号的确是宇宙微波背景辐射,因此证实了大爆炸理论。"我们被人抢占了先机。"迪克承认。

"当我们第一次听到令人费解的嘈杂声时,我们并不知道它的意义,我们从未想过,

名字揭示了什么？

许多天文学家依旧拒绝接受承认宇宙实际上是有开端的，这对于阿尔夫的实验并没有什么帮助。此后不久，在 1950 年，英国天文学家弗雷德·霍伊尔发表了广播讲话。霍伊尔是宇宙膨胀理论的强烈反对者，他更加倾向于自己的理论，他称之为"稳恒宇宙"，在这个模型中，宇宙不断产生新物质。他嘲笑阿尔夫和伽莫夫的理论，称他们的理论是"大爆炸"。这个名词从此留在了人们的想象中，从此以后，宇宙从奇点开端的理论便称作"大爆炸"理论。

进化论
物质密度随时间降低

稳恒宇宙理论
物质密度始终保持恒定

第十九章　相对论是如何推导出宇宙大爆炸理论的？

它竟和宇宙起源相关,"彭齐亚斯说,"直到我们穷尽了所有能够解释杂音起源的原因,我们才意识到,我们可能在一件大事上摔了一跤。"

从这儿开始,我们要往哪儿去?

现在,我们知道身处的宇宙在不断地膨胀,那么,膨胀之后会发生什么?宇宙的命运取决于膨胀速度和引力导致的时空弯曲曲率之间的平衡,前者以哈勃常数表示,后者由宇宙中的物质总量决定。这里存在三种可能性。第一种是,宇宙中的物质总量比宇宙学家所说的临界密度大得多,膨胀速度会逐渐减缓,最终,膨胀将停止,并由被引力逆转。时空将弯曲成巨大的四维球体,类似充气的沙滩排球,最终,在一次大挤压中坍塌。第二种是,宇宙密度比临界密度略小。宇宙虽然继续在膨胀,但是膨胀的速度越来越小。第三种也是看起来最符合现状的,也就是,宇宙的膨胀速度越来越快。银河系之间的海湾,尽管已经大到超越人类想象,仍旧在不断扩大。

威尔金森微波各向异性探测器的航天探测器以及对遥远超新

并非真正的"爆炸"

大爆炸并非指宇宙中的所有物质突然爆炸,无数的碎片撒向太空。在大爆炸之前,任何物体都不具有发生爆炸的空间。空间、时间和其他任何物质皆因大爆炸而存在。一切物质都在膨胀,并不存在什么"中心",哪怕是你所能想象到的最好的时间机器都无法让你回到过去,亲眼看到大爆炸的过程。大爆炸是一场对空间和时间的扰乱,牵连到宇宙中的一切物质和能量。从定义上说,宇宙包含了一切我们所熟知的空间和时间,因此,要猜测宇宙究竟要膨胀到何种程度,最终还是无法得解。

星的观测结果显示,宇宙实际上正在加速膨胀,这表明:宇宙中存在一股未知的力量,它正在对抗着引力。有时,它被称为"暗能量"。这股能量的存在十分类似于爱因斯坦的宇宙常数。

宇宙中的物质总量也决定了宇宙的形状。由于宇宙密度大于临界密度,那么,空间是封闭的,它的曲线类似球体表面。如果宇宙密度小于临界密度,那么,空间是开放的(无限大),宇宙形状就像马鞍面。如果宇宙密度等于临界密度,那么宇宙的形状就像一张纸,是平坦且无限的。

目前的理论认为,宇宙密度和临界密度十分接近,因此,宇

$\Omega_0 > 1$

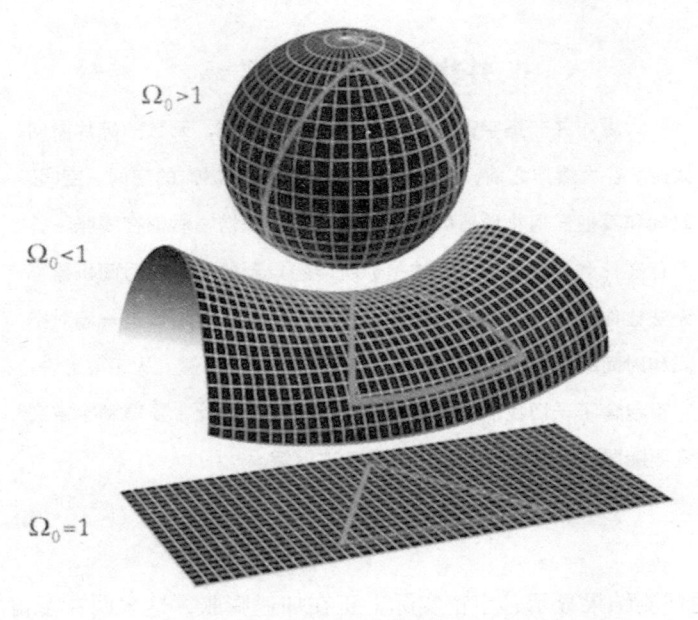

$\Omega_0 < 1$

$\Omega_0 = 1$

宇宙空间形态假想图

宙是平的。假如你想知道临界密度具体是多少，可以告诉你，相当于每立方米六个氢原子，要支撑起整个宇宙的命运也并非足够！

比光速快

无论你信不信，一些星系在以比光更快的速度远离彼此。这怎么可能？爱因斯坦错了吗？

重要的是，各个星系并不是在空间杂乱无章地横冲直撞。宇宙正在膨胀，空间本身也会增大，并支撑着各个星系。因此，虽然要以快于光的速度在空间穿行是不可能的事，但是这个规律并不适用于空间本身，但各个星系之间的距离的确有可能增加，并且增加的速度将超过光速。

它可以吗？它应该这样吗？

根据相对论，宇宙起源于大爆炸。但是，物理学家罗杰·彭罗斯提出了一个问题：相对论是否预测出曾经发生过大爆炸？因为，要说某件事本可能发生，和说这件事曾经发生过并非一回事。1965年，彭罗斯集合了相对论对于光的行动的解释，由此得出结论，即引力始终是一种吸引力，能够用数学公式表示，一颗受到引力作用而下落的恒星将最终被囚禁在空间的某个区域并萎缩为一个点，在这个点内，物质密度和时空曲率是无限大的，于是形成了黑洞奇点。

彭罗斯在研究自己的定理时，史蒂芬·霍金也正在为博士论

罗杰·彭罗斯肖像

文寻找主题。他阅读了彭罗斯的论文，接着他意识到，根据彭罗斯的定理（从科学角度说，符合逻辑的实验），通过逆转时间方向，而不是使时间坍塌为一个体积为零的点，时间就会从零点开始膨胀，这样他的理论依旧有效。彭罗斯证明，坍塌的恒星必须终结于一个起点。霍金证明，如果目前的宇宙膨胀模型是正确的，那么奇点就是宇宙的开端。

1970年，彭罗斯和霍金合作完成了一篇论文，论文的观点是，如果爱因斯坦相对论所描述的宇宙是正确的，并且宇宙包含的物质如我们所观测到的一样多，那么宇宙必定始于奇点，两人在论

时间
空间 空间

事件视界奇点

坍塌的恒星

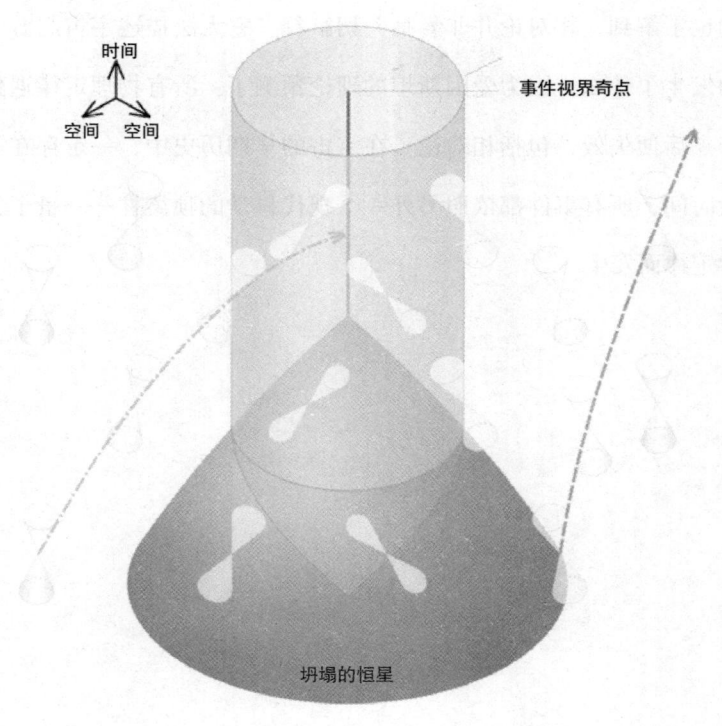

奇点假想图

文中为这个结论提供了数学计算方面的论据。

霍金和彭罗斯作品发表数年之前，爱因斯坦对大爆炸做出了最后一次表态："一个人或许不会假设高密度引力场和物质方程是正确的，或许也不会认为膨胀起源必须是数学意义上的奇点。"

至此，爱因斯坦的广义相对论经受了时间和实验的考验。没有什么会令科学家怀疑相对论解释目前宇宙的正确性。但是，我们也了解到，相对论并非囊括一切解释。它无法描述宇宙起源之初发生了什么，因为爱因斯坦的理论预测了：所有物理定律遇到奇点后便失效，包括相对论。在宇宙的早期历史中，一定存在一段时间，所有事件都依照另外一个现代科学的顶梁柱——量子力学定律而发生。

第二十章

上帝会掷骰子吗？

除了相对论，还有另外理论在物理学界引发了轰动，那就是量子力学，这个理论带领着我们前往探寻另一个陌生世界。

20世纪，物理学的两大经典理论都是关于宇宙如何运转的。马克斯·普朗克的量子理论于1900年发表，阿尔伯特·爱因斯坦的相对论于1905年发表，两种理论几乎同时诞生，这标志着物理理论基础将被重构。

爱因斯坦的广义相对论着眼于宏观，描述了引力如何塑造宇宙的空间和时间，量子力学描述了宇宙如何在微观层面上运转，主要研究的是原子甚至更小的分子。量子领域通常被描述为爱丽丝漫游的仙境，在这个领域，事件是神秘、具有不确定性、无法解释的。

两种理论都有极强的适用性。它们经受住了精确度极高的观测和实验，每一次都能够反映出宇宙真实的状态。物理学面临的问题是，两种理论无法相容。相对论研究的是宏观的宇宙，并不适用于量子力学。

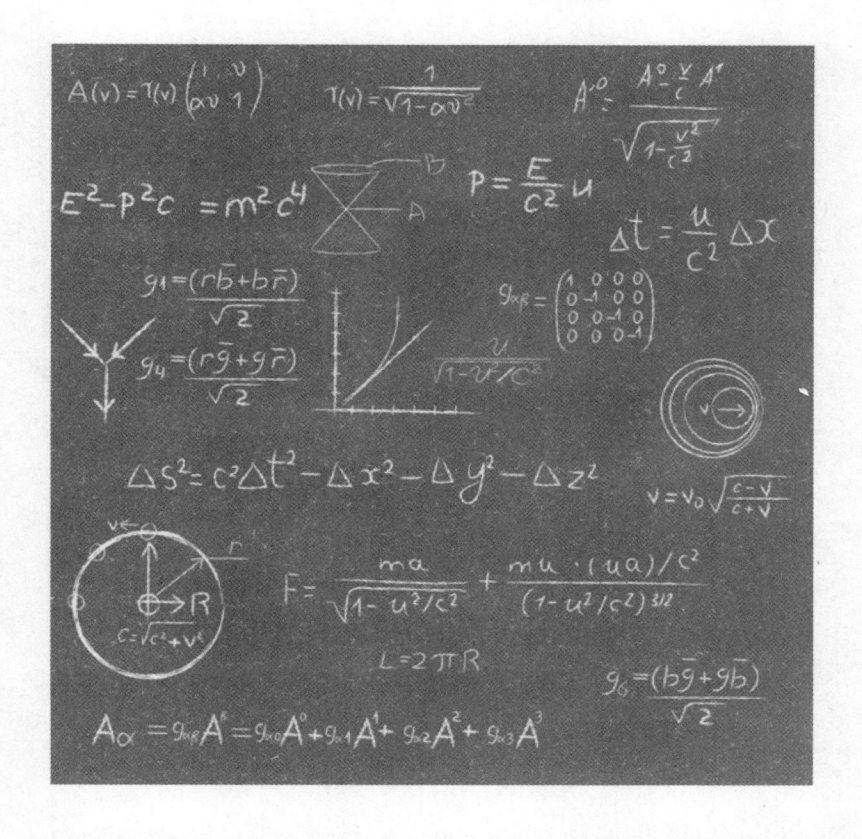

相反面也是一样的道理，量子力学无法向我们解释星系的运动或宇宙的形状。这时候，也尚未有一种理论可以成功地使引力和量子力学相互兼容。

普朗克和爱因斯坦

马克斯·普朗克和阿尔伯特·爱因斯坦对彼此怀有极大的尊重和喜爱。普朗克60岁生日时,爱因斯坦谈到普朗克"永不竭尽的坚持和耐心""将自身奉献给我们的科学中最普遍存在的问题,不因目标更能盈利、更好达成而偏离了本来的方向。我常常听到同事们将这种态度归结于超乎常人意志力和纪律性。我想这是完全错误的。能够促成此等成就的情感状态和信徒或热恋中的人是相似的。日复一日的追寻并非源自某个设计或程序,而是源于直接的需要。"这个判断或许也适用于爱因斯坦本人。

玻尔模型

1913年,尼尔斯·玻尔提出了一个关于原子结构的理论,该理论以普朗克和爱因斯坦的量子理论为基础。他想要解释原子如

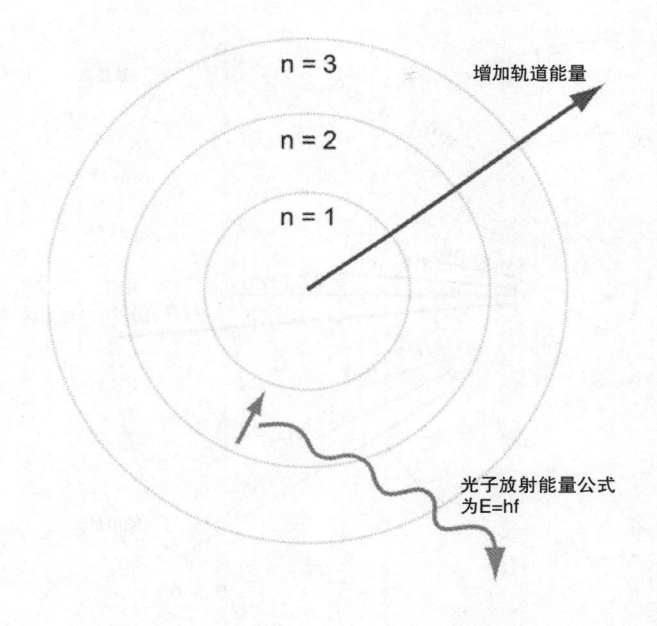

```
                n = 3        增加轨道能量
              n = 2
            n = 1


                      光子放射能量公式
                      为E=hf
```

何辐射出光量子，以及为什么电子失去能量后，不会跌入原子核中。对此，他假设电子绕着原子核运动，但只能在特定轨道上运动，电子与原子核的距离保持不变。玻尔用这个模型解释电子如何通过辐射或吸收固定能量从一个轨道转移到另一个轨道上。例如，如果一个电子从轨道上跳跃到更加接近原子核的位置，它必须释放能量，这股能量相当于两个轨道之间的能量差。反过来，为了跳到更高的轨道，电子吸收了一个光量子的能量，即相当于轨道间的能量差。

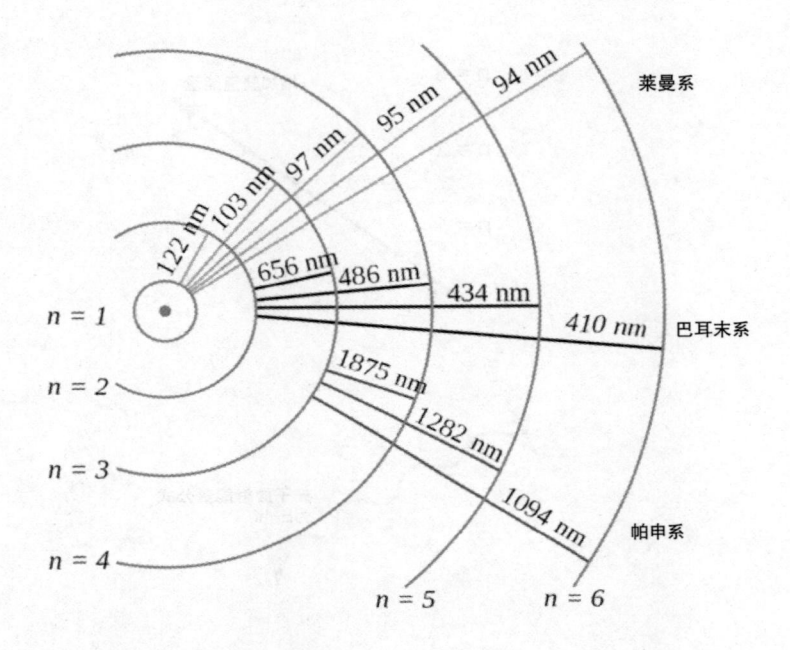

然而，玻尔的理论存在缺陷，但是在描述氢原子的单一电子方面十分成功，在更大的原子和多个电子、电子轨道等情形下，该理论就遇到了困难，它显得过于独断。这看起来就像个死胡同。量子力学的新理论将解决这个难题。

波粒二重性

在描述光电效应时，爱因斯坦指出，光同时具有粒子和波两种特性。在1922年开展的一项实验中，美国物理学家阿瑟·霍利·康普顿强调了电磁辐射具有双波性和粒子性。实验过程中，康普顿向目标材料发射 X 射线光束，他发现，光束的一小部分发生了各种不同角度的偏离，与原本的 X 射线相比，分散的 X 射线光束波长更长。要解释这种变化，只能假设 X 射线是由不同能量和动能的粒子组成，并将能量守恒定律和动量守恒定律应用于能量光子和电子之间的碰撞。当 X 射线分散时，它们的动量被部分转移到了相互作用的电子上。电子汲取了 X

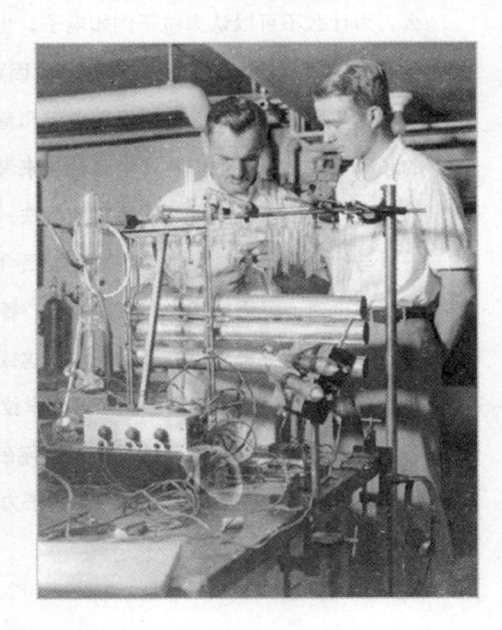

射线量子的能量，导致 X 射线的频率降低。由射线分散导致的动量和频率变化可由爱因斯坦的光量子能量公式进行解释。

波粒，粒波？

1932 年，法国物理学家路易·维克多·德布罗意在博士论文中假设，不仅仅是光，所有物质和辐射都有粒状和波状的特点。他下意识地相信自然界具有对称性，针对爱因斯坦的光量子理论，德布罗意问道："如果说光具有粒子的性质，那么，为什么不可以认为粒子例如电子，也具有光的性质？"德布罗意推断，爱因斯坦的著名 $E=mc^2$ 揭示了能量与质量的关系，同时爱因斯坦和普朗克认为，能量与光波的频率相关，于是他们将两者结合起来考虑，认为质量应具有波的形式。爱因斯坦支持德布罗意的看法，因为德布罗意的看法似乎是与他的理论一脉相承。当博士委员会提出对德布罗意的论文进行评论时，爱因斯坦说："我相信，德布罗意的假说给最大的物理谜团投射下第一道微弱的光线。这或许看起来疯狂，但的确美好！"于是，德布罗意得到了博士学位。

康普顿的实验早已确认了光子的存在，但是直到这时，这一判断才被驳斥。在此后的数月内，量子力学诞生了。

是否存在电子？很有可能！

20世纪20年代，研究人员在研究电子束是如何从镍上反射的。实验中，镍晶体的作用类似于光干涉双缝实验中的狭缝。两种实

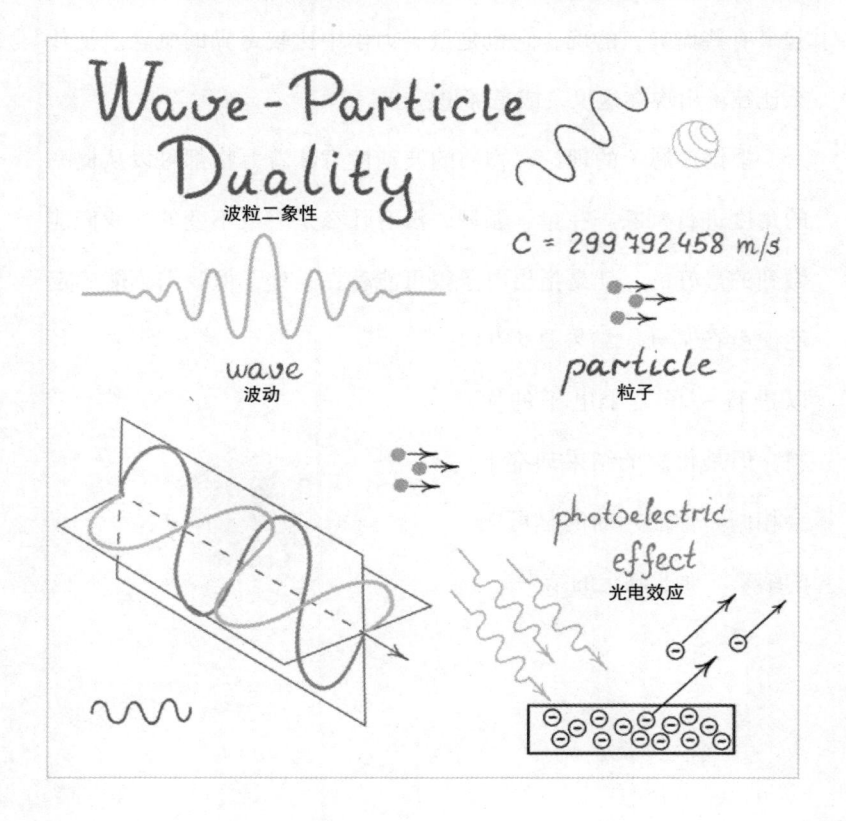

验是相同的，不同之处在于，实验用电子束代替了光束。实验结果发现，电子和光一样形成了干扰图形。电子具有类似波的形态，正如德布罗意先前预测的。那么，这些波又是什么？

德国物理学家马克斯·玻恩说，波就像一幅图表，根据它，可以在特殊的区域描绘出发现电子的概率。概率大的地方，就越有可能发现电子，概率小的地方，发现电子的概率就越小。这听起来有些诡异，的确，它也是量子力学中比较奇异的概念。是什么让粒子出现在这里，或是那里？

根据玻恩·的理论，物质的波动性意味着万物都可以从概率的角度进行判断。在量子领域，没有什么是一成不变的。我们能做到的最好的，就是指出电子很可能就在某处，但我们不能确定地说就在某处。结果是你可以进行一场关于电子的实验，但是每次的结果却都不会相同。你能判断的是可能的结果，而非确定的结果。

海森堡的不确定性原理

沃纳·海森堡于 1927 年提出著名的不确定原理，这个原理指出：你不可能同时确定一个粒子的位置和动量。测量出的粒子动量越精确，就越难以精确地测定它的位置。如果能够精确地测量出电子的动量，那么就不可能确定它的位置，你或许也能猜到，电子的移动速度极快，因此，它的位置是不可知的。

如果说波粒二重性令古典物理学界感到惊讶，那么，不确定性原理足以令他们震惊。开展的日常实验并没有提供线索来证明它的可能性。例如，如果你正开着一辆轿车，并且你熟悉地掌握了汽车的方位和速度（至少你应该知道），你就应该知道自己的速度为 100 千米/小时，但是你却不知道前往吉尔福德还是格拉斯哥。

> **正确的波长**
>
> 根据德布罗意的公式，即使大体积物体也有波性。如果你想知道的话，打个比方，一辆以 40 千米时速行驶的轿车的德布罗意波长约为 6×10^{-38} 米，这个数量比较小，因此难以衡量。

这些不确定性与观测员技术欠佳或设备不足没有关系。海森堡表示，粒子位置的不确定性乘以动量绝不会小于普朗克常数，这是宇宙的基本特性，即对我们已知的事物设限。

薛定谔波

1926 年，奥地利物理学家埃尔温·薛定谔提出了一个方程，解决了这些概率波是如何形成、如何演化的。薛定谔方程描述了概率波（或波函数）的形式，概率波解释了小体积粒子的运动，具体地说明了这些波是如何受外部影响而改变的。在氢原子的薛定谔方程中，他发现，通过方程可以精确地预测波的特性。

有人认为，薛定谔方程的重要性不亚于量子力学、牛顿运动定律对经典力学的重要性。薛定谔试着以数学方式描述量子世界，他并不想构建一个可以在脑海里想象出来的模型，就像把原子想象成一个小太阳系一样。量子力学表达的是：如何以十分精

第二十章 上帝会掷骰子吗?

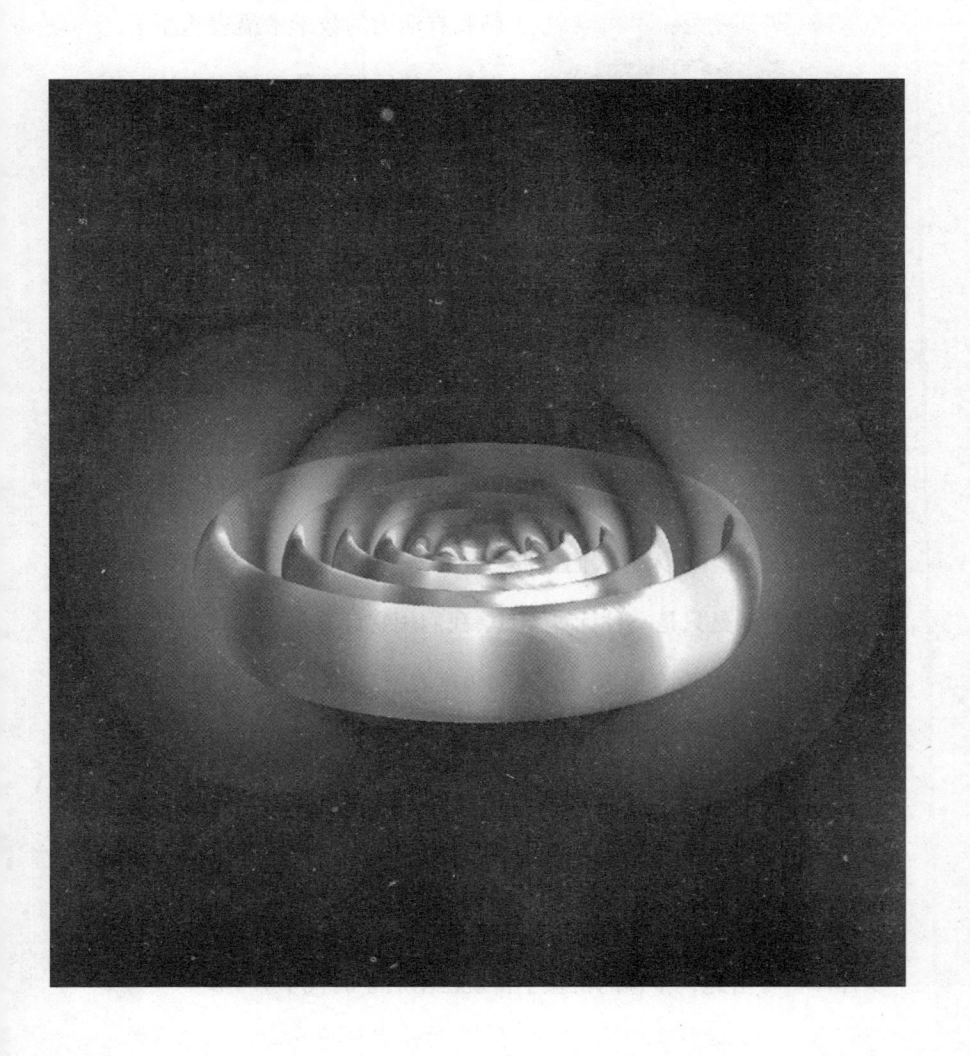

确和有活力的数学术语表达原子。但是，其结果只能以概率表达，而不是十足的确定性。

根据量子力学，当我们拿出一个测量工具来定位一个粒子的位置时，我们引发了粒子概率波的坍塌。于是，当你知道粒子的位置时，它早已不在那里——它在别处的概率降低为零，而它在你观察到的位置的概率上升为100%。

即使到了今天，人们依旧意见不一：波函数究竟是真实的物理存在，还是只是一种计算工具，我们用它计算量子领域的概率，而在现实中并没有根据。从现实角度看，这并不重要。20世纪20年代，尼尔斯·玻尔和沃纳·海森堡等物理学家对量子力学提出了哥本哈根解释，他们将波函数视为能够预测观测结果的工具，认为物理学家不应当想象"现实"是什么样的，也不该因此而感到困扰。物理学家大卫·梅敏恩对此的总结令人印象深刻："闭嘴，计算！"由此，牛顿的机械宇宙观已落后于时代了。

哥本哈根解释

量子理论的哥本哈根解释以尼尔斯·玻尔和其他科学家（以玻尔研究场所所在地命名）创立。根据该理论，量子粒子的特性不具备有限的价值，除非找到某种测量方法。互补原理是哥本哈根解释的核心。它认为：物体的波动性和粒子性互相补充，就像一个硬币的两面。例如，一个电子或光子可以时而表现为光波，时而表现为粒子，但绝不会同时表现出波动性和粒子性，就像投掷一枚硬币，只能得出正面或反面的结论，而不能同时得到正反面。

尼尔斯·玻尔认为，探求电子是什么是毫无意义的，因为，意在测量波的实验将看到波，意在测量粒子特性的实验将看到粒子。因此，要设计一场实验，使我们能够从中同时观测到波和粒子是不可能的。波函数是对一个波/粒子的完整描述。当对波/粒子进行测量时，波函数就会坍塌。任何无法从波函数中获得的信息都是不存在的。

根据马克斯·玻恩在20世纪20年代提出的理论，粒子波是一种概率测量方法。它们和声音或水波不同，并不是真实存在的

索尔维会议

　　索尔维物理和化学会议由比利时工业家欧内斯特·索尔维创办，在哥本哈根举行。第一届物理学大会于1911年举办，第一届化学大会于1922年举办。以后每三年举办一届，第一年举行物理学会议，第二年不举办会议，第三年举办了化学会议。1927年的第五届会议是场历史上很著名的会议，因为在这次会议上，爱因斯坦和尼尔斯·玻尔、沃纳·海森堡和马克斯·玻恩就哥本哈根解释的正确性展开了辩论，这场辩论所集合的思想霸占了量子力学的半壁江山。

实体。我们永远无法确认一个粒子如何运动，完全相同的电子在每一次的实验中的运动都不相同，因此，实验的目的只能通过数据进行预测。

哥本哈根对量子力学的解释在牛顿经典力学和量子物理学之间划开了一道锋利的口子。在日常世

尼尔斯·玻尔肖像

界里，我们认为一切事物的发生皆有原因。一杯放在桌上的水不会自己掉落，当你摔了个跤，撞到桌子时，杯子才会掉落。就算我们了解所有的具体信息，我们或许也无法预测你的下一步行动，但是，我们可以根据了解的信息，例如迈出一步的长度、行动所引发的杯子里的水波高度，我们可以推导出一个合理的溢出发生概率。因此，根据经典物理学，所有的变量都是存在的，只不过有时难以测量。

然而，在量子的世界里，并不需要考虑这些细节，只能凭借运气。在量子的世界里，一切都是纯粹的统计概率。哥本哈根学

派认为，不确定性是大自然的基本特征，而不仅仅是人类缺乏知识的结果。我们只需要接受事物，而不是解释事物。

爱因斯坦发言

一些物理学家，包括爱因斯坦，都对这种缺乏解释的理论感到担忧。1927 年的春天，恰好也是牛顿逝世 200 周年的纪念年

份里，爱因斯坦以看似轻松的神态，用狭义相对论推翻了经典力学的大部分理论。接着，他开始维护经典量子力学和偶然性理论。

"最后一个词还没说完，"爱因斯坦辩论道，"愿牛顿的方法给我们力量，重塑物理现实和牛顿理论最突出的特点，即严格的偶然性之间的联合。"

爱因斯坦从未对量子理论做出过妥协，他相信，截至当日，该理论从根本上来说是不完整的。他无法接受一个由不确定性概率和不确定性原理主导的现实世界。他认为，量子力学的概率源于我们对宇宙在原子层面的运转尚不了解。一旦我们有了更多的了解，概率就会被确定性所取代。

爱因斯坦曾经对一位朋友说，当他在判断一个理论时，他会问自己是否就是上帝，他无法接受，宇宙中发生的大多数事件都存在规律，而在现实事物的基础量子层面，凭借的全是运气。

在1926年写给马克斯·玻恩的信中，爱因斯坦表示："当然，量子力学令人印象深刻。但发自内心的声音告诉我，它不是真的。理论说了许多，但还不足以让我们更接近'旧说法'的奥秘。无论如何，我都确信，上帝不会掷骰子。"

爱因斯坦和激光

在爱因斯坦的所有成就当中,激光或许并不是最广为人知的。"激光"是"受激辐射式光频放大器"的英文首字母缩写。作为一种装置,激光制造并放大一束细长的聚焦光束,它的来源可追溯到1917年爱因斯坦发表的一篇论文,论文的主题是辐射量子理论。

在激光中,一个晶体,例如红宝石或石榴石、抑或气体或液体中,原子或分子"被挤压"到了更高的能量级。这时,原子释放出大量光子,产生了光束。这种现象被称为受激发射。爱因斯坦首先在1917年的论文中假设了这个过程的可能性。此前一年,当他完成广义相对论的工作后,他开始探索物质和辐射之间的相互作用。研究过程中,他提出改进的热数据基础理论,包括量子

能量理论。

爱因斯坦假设，一个受激原子吸收了光子后，通过再次发射光子而返回到较低的能力状态，他称这个过程为自发辐射。他还预想，当光线穿过物质时，物质会激发出更多的光。他的想法是，如果你有大量处于受激状态的原子，且它们都做好了辐射光子的准备，那么，只需要一束途经的光子就可以刺激它们释放出光子。这些被释放的光子和原本的光子一样，有相同的频率和辐射方向。聚集释放的相同光子穿过剩余的原子。当然，爱因斯坦从未实践过他的理论，一直等到1960年，世界上的第一台激光器才问世。

第二十一章

爱因斯坦与玻尔，谁赢了？

阿尔伯特·爱因斯坦和尼尔斯·玻尔就量子理论的优缺点进行了几番长达数十年的较量。我们能说，其中一方获胜了吗？

30年来，一直到爱因斯坦逝世，爱因斯坦和玻尔都从未停止过挑战对方关于量子世界的信仰和阐述。这些辩论从不包含尖酸刻薄的讥讽，两人是很好的朋友，但各持己见，拒绝妥协。爱因斯坦相信，客观现实是存在的，它可以被测量，而玻尔认为，测量行为本身将改变现实。例如，一直到有人决定开始测量之前，一个电子在空间都没有确定的位置。

爱因斯坦－玻尔的争论

在第五届索维尔物理学会议上，爱因斯坦和玻尔交锋数次。爱因斯坦对量子力学理论十分了解，但他认为，量子力学还不完备。玻尔最初十分自信地认为，爱因斯坦最终会认可他的哥本哈根解释，因而对爱因斯坦的反对感到震惊和失望。

会议结束后，爱因斯坦和玻尔继续展开了一系列的辩论，爱因斯坦试图在玻尔的量子力学解释中找出破绽，玻尔则坚持立场。爱因斯坦向玻尔提出了一项想象实验，玻尔却在爱因斯坦的论据中找到了破绽，这些较量通常持续数天。

1948年，玻尔对他和爱因斯坦的讨论进行了一番总结。他的

玻尔与爱因斯坦

结论是:"我们的会面有短有长,但始终在我的脑海里留下深刻且持久的印象……"

光子盒

爱因斯坦和玻尔之间最著名的论战是,爱因斯坦要求玻尔想象一个充满光的盒子。这个盒子里放着机械钟和弹簧秤,这些工具可以用来测量释放出的光子的能量和速度。首先,测量盒子质量;接着,通过盒子内的能控制挡板开关的机械钟打开狭缝,释放光子;最后,再次测量盒子质量,就可以得出质量差。爱因斯坦可使用 $E=mc^2$ 来计算光子能量。于是,他就能计算出光子发射的精确时间,由此避免了不确定性原理。玻尔一夜未眠,想方设法地反驳爱因斯坦的光盒子假设。接着,他想到了答案。他意识到,光子跑出后会产生回弹力,机械钟受地球引力场的作用发生位移,并且位移存在不确定性,因此,根据爱

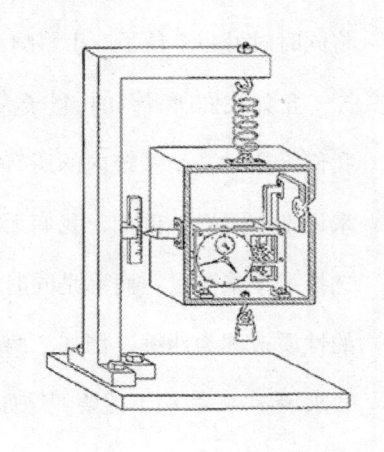

因斯坦的广义相对论，在引力场内，机械钟走得更慢，因而它读出的时间也存在不确定性。爱因斯坦就这么猝不及防地被自己的理论反驳了！

鬼魅般超距作用

1935 年，爱因斯坦和同事鲍里斯·波多尔斯基、纳森·罗森共同提出了一个思想实验，试图论证量子力学并非完备的物理学理论。三人提出了"EPR 悖论"，EPR 是这三位物理学家姓氏的首字母缩写，这项思想实验旨在解决被称为量子纠缠的量子特性。也就是说，在量子纠缠系统中，对一个粒子进行一次测量的结果将同时对另一个粒子产生影响，无论两个粒子之间相距多远。

正如我们所看到的，量子力学的主要原则之一就是不确定性，我们无法对一个系统内的所有特征同时进行测量，甚至从理论上来说都不可以。例如，我们无法同时得知，位置和动量，必须先选择一个来测量，而不是同时测量两者。量子力学的另一个特有的性质被称为纠缠。例如，两个相互作用的光子可以用一个波函数来表示。（我们不需要纠结如何完成这个过程）。一旦光子分离，

量子纠缠假想图

它们依旧共享这个波函数，这意味着，测量一个光子的行为可以决定另一个光子的状态。例如，如果两个量子处于零自旋状态，测量到其中一个粒子自旋向上，那么可立刻得知，另一个粒子自旋向下。学术上，这种状态被称为"量子非定域性"。爱因斯坦称其为"鬼魅般超距作用"。

对于量子力学能够精确地预测各类实验的结果，爱因斯坦表示接受，他知道，这些结果并不是"错误"。当时，他在证明和争论的是，量子力学还不完备，EPR悖论是试图证明这一判断的又一个想法，在题为《量子力学对物理实在的描述可能是完备对吗？》（*Can the Quantum Mechanical Description of Physical*

Reality Be regarded as Complete?）的论文中，爱因斯坦认为，量子系统的某些特点尚未被发现，他称其为"隐变量"，一旦人类发现这些变量，就可以利用它们继续观测，而不再需要依赖"鬼魅般的作用"。自然，玻尔不同意爱因斯坦的观点，继续满怀激情地维护量子力学的哥本哈根解释。

爱因斯坦和他的合作者们开始假设某种前提，即如果存在一个方法，可以让我们确定一个粒子的位置，并且直接观察这个粒子并不会对其他粒子产生影响，那么，我们就可以说，粒子存在于现实中，不受我们的观测影响。

如果两个粒子发生了量子纠缠，我们可以测量其中一个粒子，

自旋

20 世纪 20 年代，奥托·斯特恩和沃特·格拉赫在汉堡大学开展了一系列实验。我们得知，所有移动的电荷都能产生磁场。因此，他们想要根据围绕原子核轨道进行运动的电子测量出磁场。物理学家惊讶地发现，电子自旋的速度极快，产生了许多微小磁场，这些磁场与产生它们的轨道运动不存在关联。"自旋"很快被用于描述次原子粒子的明显旋转运动。但它并不意味着电子实际上是体积小、坚硬的、在原子空间中旋转的物质。

相关电子

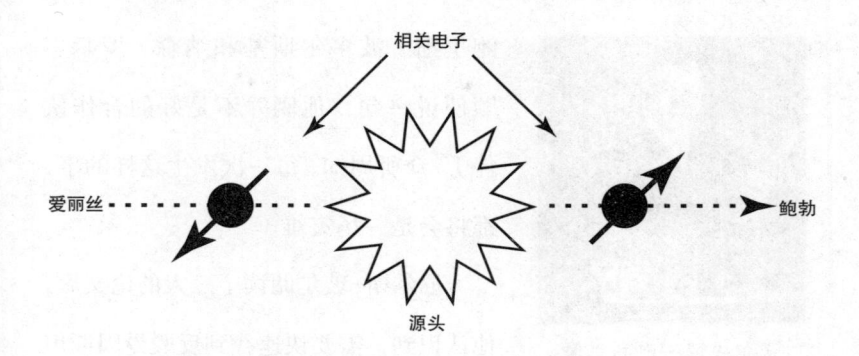

爱丽丝　　　　　　　　　　　　　　　　　　　　　鲍勃

源头

于是，就可以获得关于第二个粒子的信息，同时不对第二个粒子产生影响。通过测量第一个粒子的动量，我们可以精确获得第二个粒子的动量，对于其他特性，例如位置，我们也可以这么做。

因此，我们知道了未直接观测的第二个粒子的特性。它具有真实的位置和动量。由于量子力学告诉我们，我们是无法得知这些特性的，因此，可以得出结论，量子力学对于现实的描述的确是不完备的。爱因斯坦和同事们认为，另一种方法是假设测量第一个粒子的流程改变了第二个粒子，同时，使第二个粒子配合第一个粒子的状态，即便两者相距数个光年。他们确信："没有合理的现实定义能够适用于这个结论。"

在写给沃纳·海森堡的信中，沃尔夫冈·泡利简明地表达了自己的观点：

"爱因斯坦再一次公开表达了自己对于量子力学的态度（与

沃尔夫冈·泡利肖像

鲍里斯·波多尔斯基和纳森·罗森。顺便说一句,他俩并不是好的合作伙伴)。众所周知,每一次发生这样的事,都将会是一场灾难。"

尼尔斯·玻尔阅读了三人的论文后,他认识到,需要快速找到反驳爱因斯坦的方法。玻尔在哥本哈根的同事称,三人的理论对于他们就像"晴天霹雳……其他一切都被抛弃。我们必须立刻清除这种误解"。这并不容易。玻尔花了六周时间,终于找到了反驳的理由,这个理由比四页的 EPR 论文要长得多。

玻尔承认,在爱因斯坦的论文中"毫无疑问,对系统的机械扰动需要核实"。一直到这时,玻尔都确定,由粒子测量所引发的扰动导致了量子的不确定性。现在,他从自己的立场上退缩了。在索尔维会议上,针对爱因斯坦的种种辩论都是凭借不确定性原理推导出来的。然而,到了现在,他使用了互补概念。量子实验最重要的方面在于实验条件。如果你选择了某种条件,例如,在一个涉及波特性的实验中,波特性就是你将观察到的。如果你选择了其他条件,那么,你就会观察到互补的现象。玻尔认为,这些元素都未在三人的思想实验中体现出来,因此,它不能反驳量子力学的哥本哈根解释。

如果两个例子纠缠,玻尔辩驳道,那么,它们实际上构成了有效的单一系统,该系统带有单一的量子功能。此外,他提到,三人的论文并没有绝对推翻不确定性原则。要同时知道粒子的精确位置和动量依旧是不可能的。如果你知道 A 的位置,你就会知道 B 的动量。但是,你无法同时知道 A 的精确位置和动量,你也无法知道 B 的精确位置和动量。这和不确定性原则没有冲突。

爱因斯坦继续坚持认为,他看得更透彻。他的相对论理论并不允许存在"鬼魅般超距作用"。他禁止将其用于牛顿的万有引力理论,也不打算将其用于量子力学。他坚持,量子力学违背了两个基础性原则。分离性原理认为,两个在空间中分离的系统独立存在,定域性原理认为,对一个系统施加的影响不会影响到另一个系统。

爱因斯坦的盒子,薛定谔的猫

埃尔温·薛定谔与爱因斯坦同一个阵营,他也反对哥本哈根解释。他认为三人的论文"就像金鱼塘里的长矛,搅动了所有人"。他认为,他的波动方程式被误用了,有时候他还想,如果他没有发展出那些方程,结局或许更好。这时,他宣布了量子力学:"我不喜欢它,我很抱歉曾经与它相关。"1928年,在写给薛定谔的一封信中,爱因斯坦抱怨道:"海森堡-玻尔的哲学使人平静,为真正的信仰者提供了一个柔暖的枕头,使入眠者无法轻易被唤醒。"

爱因斯坦认为,海森堡的不确定性原理或许证明了在量子物质方面,大自然对我们所能了解的知识设定了界限,但是,这些界限并不意味着更深刻、更有确定性的现实,只是我们被拒绝进入。

1935年,爱因斯坦和薛定谔分享了一个思想实验,说明为什么他对于波函数和概率感到不满。他说,想象有两个盒子,一个放着一颗球,另一个盒子是空的。在我们往盒子里看之前,每个盒子有50%的概率能发现球。在我们看了之后,概率就成了100%或0%。但实际上,其中一个盒子中有球的概率始终是100%。爱因斯坦写道:

"……如果第一个盒子里有50%的概率放着球,这是否就是个完备的描述?不,完备的描述是,球是(或不是)在第一个盒子里……是:在我打开盒子前,都无法确定球就在其中一个盒子里,只有在我打开盖子后,我才能确定球在哪个盒子里。"

很明显，爱因斯坦偏向第一个回答，而不是依据量子力学给出的第二个回答。尼尔斯·玻尔和哥本哈根解释会认为，球处于叠加状态，在你看到并确认球的位置之前，球存在于两个盒子里。观测行为本身做出了选择。爱因斯坦的回答基于常识，但是，当他用相对论证明自己的观点时，常识并不总是一位可靠的向导，指引我们了解大自然的规律。

薛定谔提出了自己的思想实验，此后，这个实验成了一个通俗的量子力学解释。这个实验检验了量子力学的核心概念，即衰退的原子核释放出中子的时间是不确定的，直到人们进行观测。在量子世界里，无论是处于衰变状态还是未衰变状态，原子核都是存在的，直到有人进行观测时，它的波函数瞬间坍缩，状态变成唯一。这是一个我们能勉强接受的物体状态，也的确是个奇怪的量子力学原理，但是，到底这些怪异的事情是如何能够延展到"真实的"世界？

在他的思想实验中，薛定谔提出了以下问题：什么时候，系统能够从叠加态转换成确定的现实？放一只猫。

薛定谔写道："把一只猫关进盒子里，在盒子里放入以下装置：在一个盖革计数器内放入极少量放射性原子，放射性原子的数量很小，在一小时内，原子有可能衰变，也有同样的概率不发生衰退。

假设衰变事件发生……则盖革计数器会放电,通过继电器启动一个榔头,榔头会打破装有氰化氢的烧瓶。"

他解释道,用以描述整个事件的波函数竟然表达出了活猫与死猫各半纠合在一起的状态。爱因斯坦和薛定谔很开心,他们的

思想实验证明了他们的观点，哥本哈根解释令人下意识地感到并不正确。爱因斯坦说，波函数"包括既活又死的猫，这无法被描述为现实中会发生的情况"。

1948年，爱因斯坦写信给马克斯·玻恩，信中写道："你相信投骰子的上帝，我相信物质世界和客观存在，以及它们所遵循的完美定律。"另一方面，对尼尔斯·玻尔来说，经典物理学的规则决定了我们周遭的日常世界也应该适用于量子领域，这并没有原因。量子物理学发现的就是事情的运行规律，无论爱因斯坦是否赞成。在某些时候，玻尔显得恼怒，对爱因斯坦说："停止告诉上帝该怎么做！"

玻尔表达出了许多物理学家都感同身受的失望之情。他说爱因斯坦："是一个拼搏着战胜量子现象荒原的先锋。然而，随后他提出了综合统计和量子原则的论文，似乎接受了自己此前一直抗拒和怀疑的所有物理学家的观点。我们中的许多人都认为，这对他来说是个悲剧，他在孤独中摸索前进，对于我们来说，我们失去了领袖和旗手。"

爱因斯坦从未接受量子力学的概率和不确定性，终其一生都在寻找隐藏的规律。尽管如此，在爱因斯坦逝世后的数年，量子力学经受了实验检验，所有的指标都表明他错了。史蒂芬·霍金在1997年的一次演讲上评论："感到困惑的是爱因斯坦，而不是是量子理论。"

第二十二章

爱因斯坦是"原子弹之父"吗？

公众印象中，爱因斯坦和原子弹制造始终联系在一起，但在原子弹制造方面，爱因斯坦究竟起到了多大作用？

公众印象几乎不可避免地将阿尔伯特·爱因斯坦、$E=mc^2$ 和原子弹的发明联系起来了，但爱因斯坦究竟在原子弹的发明上起了多大作用？首先使用"原子弹之父"的很可能是《时代》(Time)杂志在 1946 年 7 月的一篇文章，杂志封面将爱因斯坦的形象和一团被称为 $E=mc^2$ 的蘑菇云联系在一起。

发现原子

当时，阿尔伯特·爱因斯坦正在研究广义相对论，欧内斯特·卢瑟福在英格兰剑桥大学卡文迪许实验室研究原子结构。1907 年，他设计了一场实验，证明原子有核心，他称之为原子核。还记得吗，仅仅两年前，爱因斯坦才发表了关于布朗运动的论文，这篇论文确认了原子的存在。1919 年，亚瑟·爱丁顿提交了一份关于全日蚀的报告，确认了广义相对论的正确性，卢瑟福成功地将氮原子转化为氢原子，或许，如论文所述"分裂了原子"。

尼尔斯·玻尔是卢瑟福的学生之一，他将在爱因斯坦的生命中起到很大作用。玻尔构建了原子结构模型，解释了不同能量的光子的释放，与爱因斯坦关于光即一束粒子构成的理论相吻合。

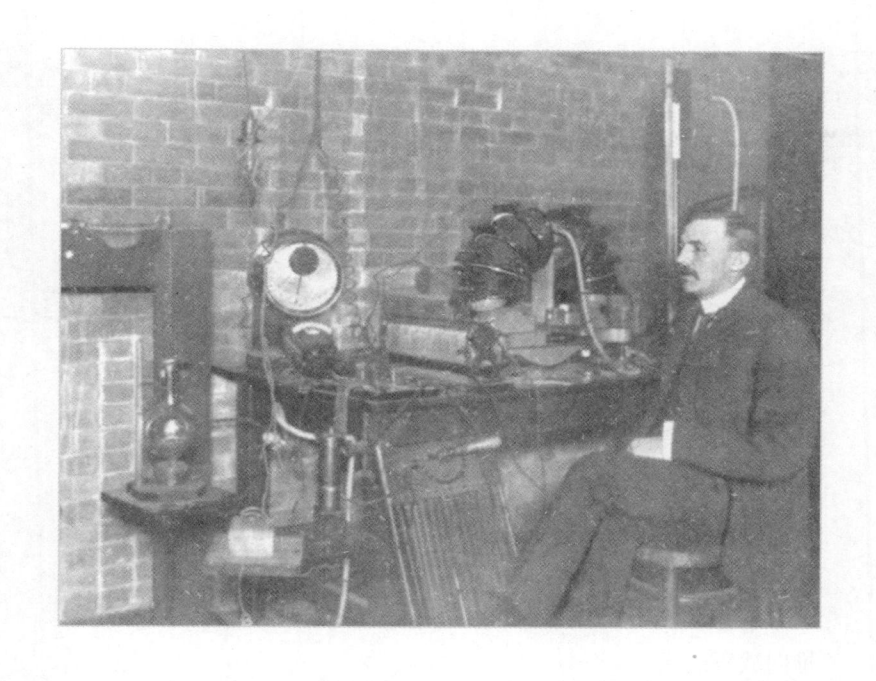

科学家们开始寻找能证明爱因斯坦的 $E=mc^2$ 的证据。卡文迪许实验室的研究员弗朗西斯·阿什顿仔细测量了元素中的原子重量,他惊讶地发现,有一部分质量消失了。他认为,丢失的质量正是将原子聚集成一体的能力,他称作结合能。他计算出,如果有可能将氢原子这一质量最轻的元素改造成氦,那么,下一个最轻的元素中,1% 的质量将作为能量释放消失。根据爱因斯坦的公式,一杯水有足够的能量驱动一艘轮船穿过大西洋,再返回原点。

这是历史上第一次将爱因斯坦等式与原子研究联系在一起。

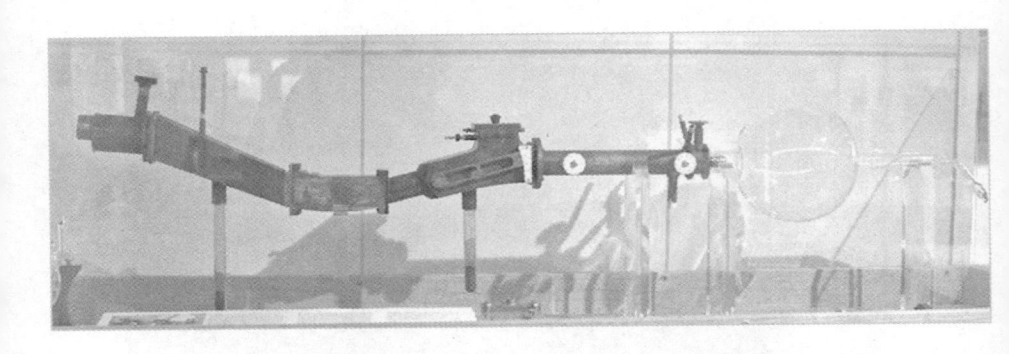

但是，科学家是如何寻找到这股庞大的、未开发的能量？许多人，包括卢瑟福，都认为这是个不可能的任务。卢瑟福在 1933 年的一次演讲中将这个想法称为"不过是胡言乱语"。具有讽刺意味的是，最终结果表明，试图释放原子能量的尝试展现了潜力，也将世界推向战争边缘。

原子弹之旅

在做出"不过是胡言乱语"这一评论后，卡文迪许实验室做出了关键性的突破，即在原子核中发现了中子。中子是穿透性很强的粒子，如果原子核被碾得粉碎，释放出能量，中子将引燃火焰。

1934 年，玛丽的女儿艾琳·居里成功地制造出新的放射性元素，同年，罗马的恩里科·费米证实：通过减缓速度，中子可以成为更有效的原子加速器。1938年，在柏林进行研究的奥托·哈恩用中子撞击铀，发现了钡元素。对于这个发现，他一时间感到困惑，与奥地利物理学家莉泽·迈特纳和莉泽的侄子奥托·弗里施合作时，哈恩意识到，将铀原子分裂后，铀将释放出结合能。这是第一次成功证实核裂变的存在。

这条新闻很快传遍了物理学界。科学家利奥·西拉德（是在纽约生活与工作的匈牙利人，也是爱因斯坦的朋友。借助爱因斯坦的帮助，西拉德在柏林获得了物理学博士学位。他是一名理论家，自1933年开始研究中子激发所引起的核裂变或许会释放两个以上的中子，因此触发了链式反应。1939年3月，他和费米一起发表了研究结果。

在普林斯顿，尼尔斯·玻尔认为，受到中子撞击的铀同位素U-235是最容易发生裂变的。问题在于，这个过程中使用的天然铀质量不到1%，因此难以将其分裂。玻尔警告说，如果可以实现，那么就会导致灾难性的原子弹爆炸。

同时在德国，物理学家也在研究和西拉德一样的内容。西拉德担心研究后果带来的影响，因此，积极地推动美国、英国、法国和丹麦针对所有的核研究实行安全禁运。他的担忧不无道理，

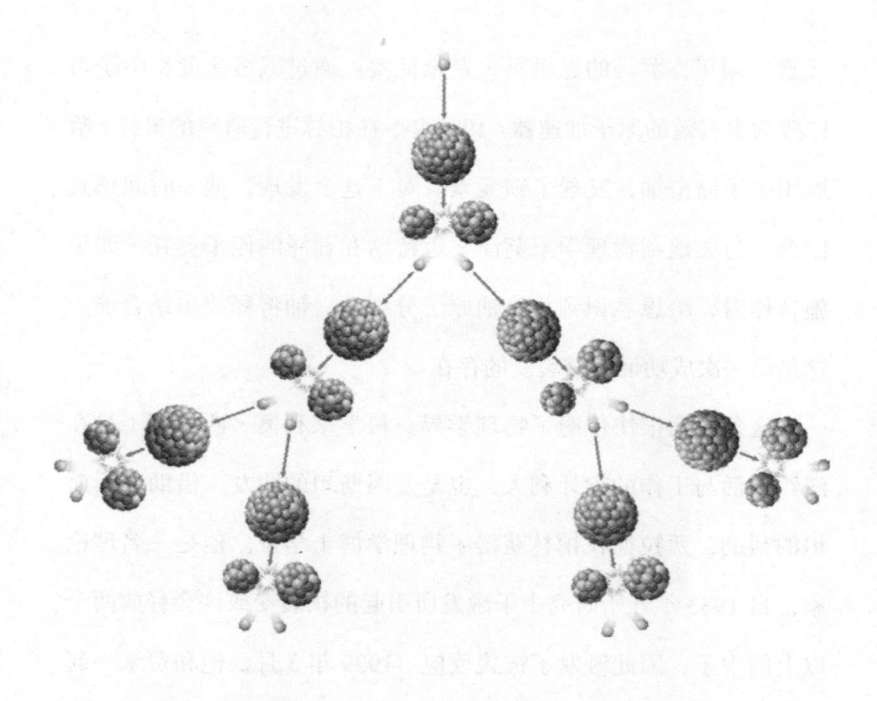

1939年4月，纳粹开启了核裂变研究计划。

当罗伯特·奥本海默知道核裂变被发明时，他即将前往领导曼哈顿计划，这个计划是二战中同盟国成立的最高机密组织，其目标是制造原子弹。一开始，他称这一目标是"不可能"实现的。之后的研究发现，制造原子弹的确可行，很快他开始研究链式反应。数天之内，他就制作完成了原子弹的草图。

爱因斯坦的冰箱

1930年，爱因斯坦和利奥·西拉德正在设计一款无噪音的家用冰箱。他们的发明之一被称为"爱因斯坦－西拉德泵"，爱因斯坦使用交流电产生了电磁场，利用电磁场输送钠和钾的混合物。爱因斯坦称："混合物在盒子内交替向不同方向移动，就像泵活塞，使制冷剂（在盒子内）液化，并再次蒸发进行制冷。"这对善于创新的物理学家看似因这项发明而获得了一些收入，当然，这些收入并不足以使他们富裕。爱因斯坦－西拉德冰箱从未在商业上得到推广，部分原因在于人们担忧，有毒的制冷剂泄漏会引发安全风险。

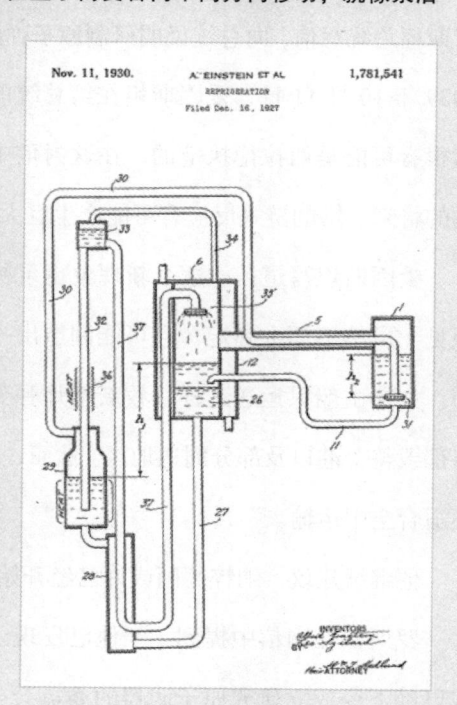

第二十二章 爱因斯坦是"原子弹之父"吗？

爱因斯坦和罗斯福

1939年8月2日,利奥·西拉德拜访了爱因斯坦,敦促他给罗斯福总统写信,向总统说明研制原子弹的重要性。这次会面后,1939年10月11日,爱因斯坦在给总统的信上签了名,尽管这封信很有可能是西拉德执笔的。在这封信中,爱因斯坦警告,在不远的将来,铀的链式反应有可能产生巨大能量。

爱因斯坦写道:"这个新现象也可被利用来制造炸弹,可以想见(虽然不那么确定)它可能制造出一种新型的极具威力的炸弹。如果由船只运送这样一枚新型炸弹到某个港口引爆,很可能将摧毁整个港口及部分周边地区。然而,这样的炸弹可能会过重,不适合空中运输。"

他继续建议,纳粹德国或许已经开始了这项研究。

罗斯福在回信中提到:"他已发现了这类炸弹的进口数据,我已经下令成立研究原子武器的委员会……彻底地调查您提出的关于铀元素的建议的可能性。"

爱因斯坦的传记作者亚伯拉罕·派斯称,爱因斯坦的信究竟

爱因斯坦与"原子弹之父"罗伯特·奥本海默

对罗斯福产生了多大的影响，人们意见不一。在派斯的印象中，虽然罗斯福总统成立了顾问委员会，但是信的影响是微弱的，一直到1941年10月，他才同意开展大规模的原子武器研发试验，1941年12月6日，日本偷袭珍珠港的前一天，曼哈顿计划正式成立。

即便爱因斯坦在这项动议中起到了一部分作用，但他从未直接参与曼哈顿计划进行原子弹的研究。他也未受到邀请来参与这项计划，也从未被正式通知过这项计划的展开。当时的FBI局长J.埃德加·胡佛对持有和平主义的爱因斯坦持怀疑态度，认为他会导致安全风险。与此同时，胡佛还确信，爱因斯坦支持了1932年的一次反战会议，并且支持苏联。然而事实上，爱因斯坦拒绝出席那次会议，也谴责俄国"压迫个人和言论自由"。

在曼哈顿计划中，爱因斯坦只是起到了很小的作用，然而，参与计划的首席科学家万尼瓦尔·布什请求爱因斯坦协助解决关于同位素分离的问题。爱因斯坦研究了两天，使铀通过过滤装置转化为气体，并提交了报告。得知研究结果的科学家都热切地期盼，爱因斯坦可以在计划中起到更大的作用。但是，布什拒绝了。"我很希望可以把所有事情都展现在他眼前，并且完全相信他，"布什写道，"但鉴于华盛顿人员的态度，这是不可能的。"

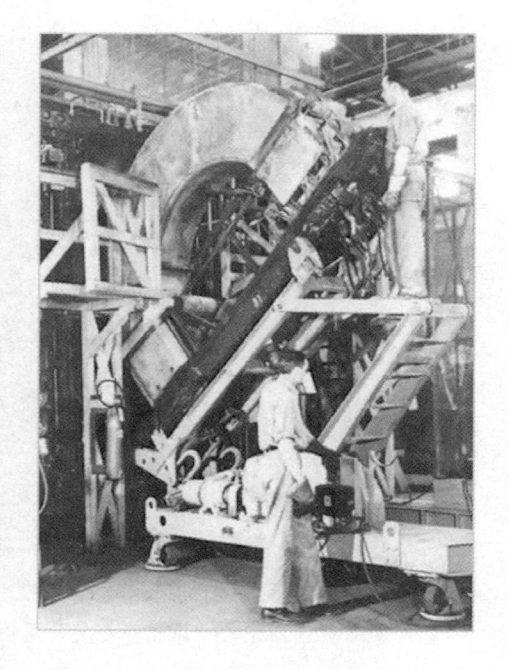

1944年12月，爱因斯坦的朋友，也是曼哈顿计划参与者的奥托·斯特恩拜访了爱因斯坦。斯特恩告诉爱因斯坦，计划已经

接近尾声，这个消息令爱因斯坦感到不安。他打算给尼尔斯·玻尔写信，表达对未来原子武器控制的担忧。"政治家并不欢迎可能性，到最后，他们都不会了解威胁的严重程度。"他写道。

玻尔拜访了爱因斯坦，敦促他让自己的观点更广泛地传播，警告道："如果关于原子弹研发的信息泄露，就会产生最令人震惊的后果。"

1945年8月6日，原子弹将日本广岛市夷为平地。听到这个消息时，爱因斯坦正在阿迪伦达克山区一处租来的村舍里。他只说了："天哪，我的上帝。"几天以后，第二颗原子弹落在了长崎市，同时，一篇关于核弹研发的新闻报道也被刊发。爱因斯坦

爱因斯坦的拍卖

为了支持战事，爱因斯坦提交了一份1905年的论文进行拍卖，论文主题是狭义相对论。这篇论文并非原稿，在狭义相对论发表后，爱因斯坦就把原稿扔了！为了再造这份手稿，爱因斯坦让他的秘书海伦·杜卡斯大声地对他读出手稿内容，然后手写下来。这份手稿同其他手稿一起，以1150万美元的价格成交。

感到沮丧,那份报道大力渲染了他给罗斯福写的那封信。这也是导致公众将爱因斯坦与原子弹联系起来的原因,即使爱因斯坦参与的部分微不足道。

战争结束之后

在接受《新闻周刊》的专访中,爱因斯坦宣布:"我要是早知道德国人研制原子弹没成功,我绝对不会出那份力。"1945年12月,爱因斯坦告诉一位观众:"第一颗原子弹摧毁的不只是广岛市。它还摧毁了我们继承的、过时的政治理念。"当时,他是原子能科学家紧急委员会的主席,这个委员会于1946年至1949年之间举办过会议。在委员会宪章中,爱因斯坦写明了他的信念,即需要"以有益于人类的方式传播关于原子能的知识和信息……促进原子能的使用,使每一位公民能够明智地做出决策和行动,以造福于个体和人类的最大利益"。

第二十三章

我们能否找到万有理论？

当今，许多理论家正在寻求一种将相对论和量子力学结合起来的方式。他们是否接近于发现答案？

爱因斯坦的相对论为了解宇宙中的恒星、星系规模提供了框架，量子理论从原子和原子粒子的角度描述了宇宙是如何运转的。两种理论的精确性都达到难以想象的水平，两种理论都有效，问题依旧是，我们尚未找到一种能够将两种理论结合起来的方法。如果量子力学和广义相对论一起应用于计算引力发生的概率，那么，答案一定是无限的概率。这不是一件好事。概率大于100%的答案一定是毫无意义的。它只能说明，将广义相对论和量子力学结合丝毫不起作用。

在生命的最后30年里，爱因斯坦试着找到一种结合电磁学和引力的理论，但从未成功。他很确信，一定存在一个单一的理论，它能够涵盖宇宙的所有物理现象。在他的诺贝尔获奖演讲中，他说："寻找整合理论的智者无法接受一个假设，即存在两种从性质上来说完全独立于彼此的场论。"

20世纪20年代，爱因斯坦开始研究统一的场论，电磁学和引力是迄今为止已知的力，人类发现的唯一的次原子粒子是电子和质子。现在，物理学家了解到，还存在另外两种基础力，其中一个强大的力能够将原子核聚集在一起，另一个微弱的力控制着放射性衰变，更不用说各类粒子，例如夸克、介子、胶子和中子。对于构建一个关于量子力学这个奇异又美好的新世界的新理论，大多数其他物理学家看似不感兴趣，而这个新世界才刚打开大门，欢迎人类的探索。

但是，爱因斯坦并不是独孤作战，还有其他几位科学家将注意力转向了统一理论。1918年，赫尔曼·外尔提出一种基于弯曲时空对称性的统一模型，爱因斯坦曾将这种整合模型用于发展广义相对论。受外尔的研究的影响，西奥多·卡卢寨证明，如果时空被扩展成五维空间，那么，其中的四维空间将与描述电磁场的麦克斯韦方程组等价。奥斯卡·克莱因随后确认，第五维空间能够弯曲，因为空间过小，我们无法探测到。

爱因斯坦对五维理论十分有兴趣。1919年，他写信给卡卢寨："通过第五维圆柱状的世界，实现大一统设想的想法前所未有地吸引着我……从一开始，我就十分喜爱您的想法。"爱因斯坦继续探索，在保持四维空间对称性的前提下，将广义相对论扩展至涵盖到电磁学。在生命的最后20年里，他坚持使用两种方法，但从未找到想要的答案。1938年，他哀叹："我的许多富有才学的后辈在令人失望的希望墓园中结束了年轻的生命。"

爱因斯坦将生命的最后数十年用于修正大一统理论，同时尝试着解决广义相对论中的问题，例如关于黑洞的预测，他本人对现有的预测并不感到满意。

爱因斯坦对大一统理论的研究所产生的不幸后果在于，从某种程度上来说，这个设想使他和物理学界隔绝了。许多物理学家认为，爱因斯坦在其生命的最后二十年里，对于物理学毫无贡献。特别是，爱因斯坦对于量子力学的反感使他失去研究中的重要突

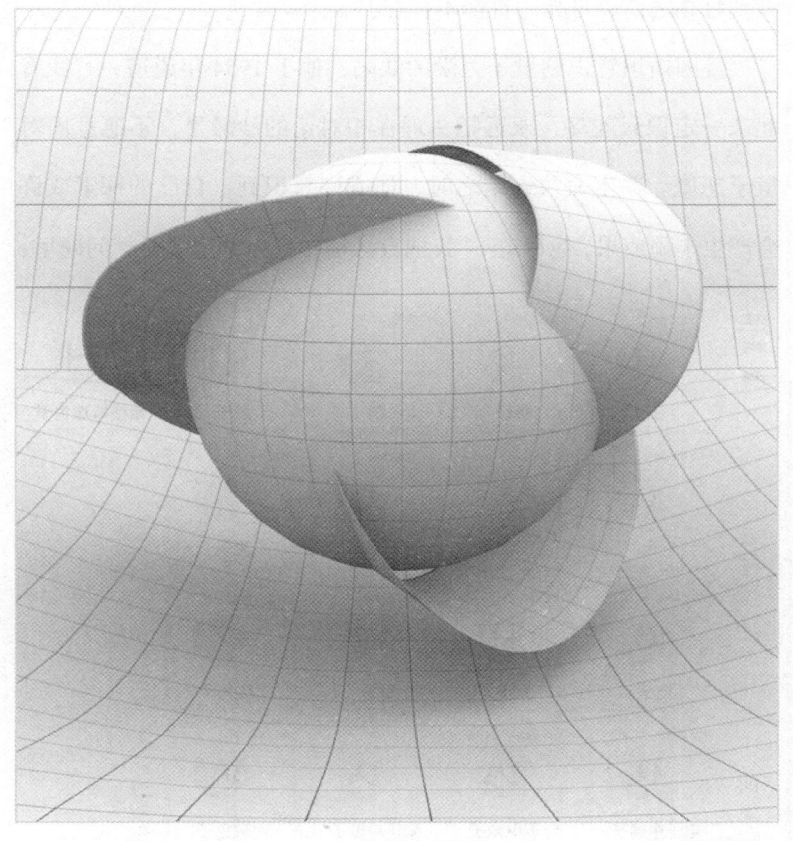

五维空间假想图

破口。从很大程度上来说,他相信,量子力学存在缺陷,这一想法促使爱因斯坦更加执着于大一统理论的研究。他十分确定,宇宙是完全独立的,不需要像量子力学一样,等到被人发现,才可以形成系统性理论。他发出疑问:"你是否真的相信,在我们没看到月亮之前,月亮一直都不存在?"

爱因斯坦意识到量子力学的缺陷,他于1954年说道:"我看起来一定像只鸵鸟,永远把头埋在相对论的沙滩里,不愿意面对量子恶魔。"生命快终结之时,他或许意识到,自己的探索或许会产生丰硕成果,他写道:"我把自己锁在毫无希望的科学问题里,

质量 →	≈2.3 MeV/c²	≈1.275 GeV/c²	≈173.07 GeV/c²	0	≈126 GeV/c²
电极 →	2/3	2/3	2/3	0	0
自旋 →	1/2 u 上	1/2 c 费籽	1/2 t 顶	1 g 胶子	0 H 希格斯玻色子
	≈4.8 MeV/c² -1/3 1/2 d 下	≈95 MeV/c² -1/3 1/2 s 奇异粒子	≈4.18 GeV/c² -1/3 1/2 b 底	0 0 1 γ 光子	
	0.511 MeV/c² -1 1/2 e 电子	105.7 MeV/c² -1 1/2 μ 介子	1.777 GeV/c² -1 1/2 τ 陶子	91.2 GeV/c² 0 1 Z Z玻色子	
	<2.2 eV/c² 0 1/2 νₑ 电子中微子	<0.17 MeV/c² 0 1/2 ν_μ 介子中微子	<15.5 MeV/c² 0 1/2 ν_τ 陶子中微子	80.4 GeV/c² ±1 1 W W玻色子	

夸克 轻粒子 规范玻色子

投入程度日益加深,作为一个老人,我依旧与社会隔阂。"

或许,爱因斯坦只是出生得太超前。他逝世数十年以后,研究"万物理论"已成为许多物理学家心目中的圣杯。

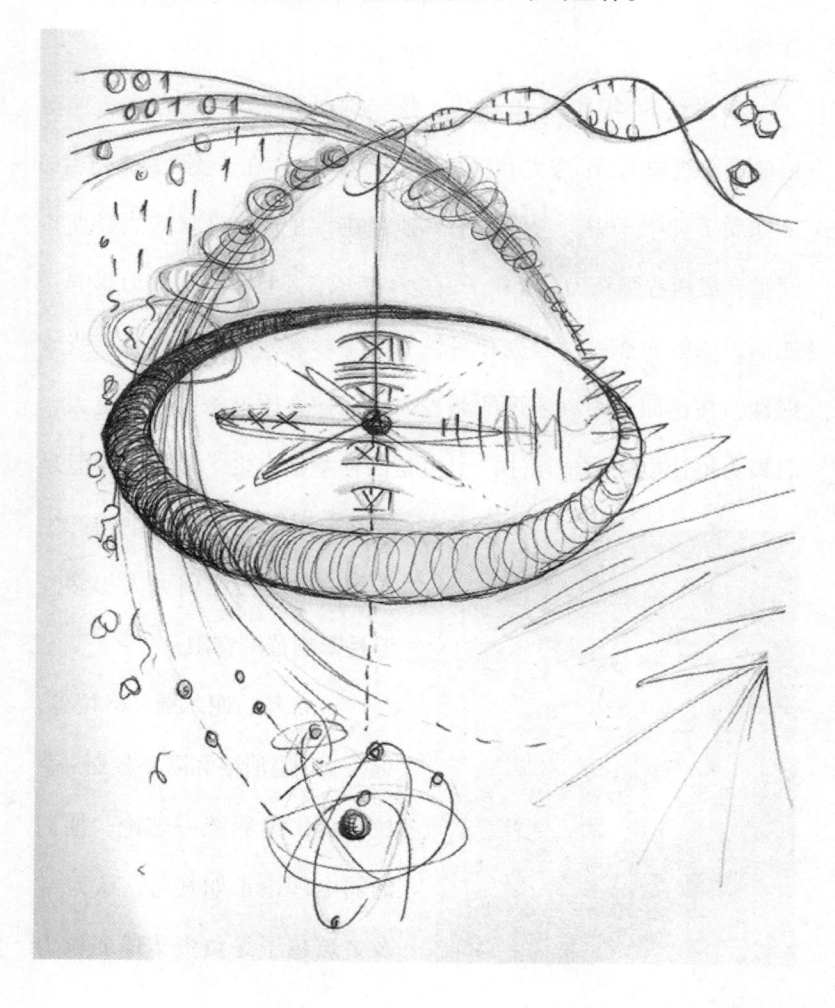

标准模型

20世纪60年代和70年代,粒子物理学家发现,存在两种物质的最小组成部分:夸克和轻粒子。夸克始终存在于更大的粒子中,例如质子和中子中,它们从未单独存在,并且始终与其他夸克共同组合成短程强核力。轻粒子由电子组成,并且不受强核力影响。然而,弱核力能够对夸克和轻粒子产生影响,弱核力具有某些放射性。在比原子距离还短的路程内,强核力比电磁力作用更大,弱核力也比电磁力作用小。引力是四种基础力之中最弱的,但是能够在无限大的距离中均产生作用。电磁力比引力大得多,但是影响范围有限。

1968年,谢尔登·格拉肖、史蒂文·温伯格和阿布杜斯·萨拉姆提出电弱统一理论。他们的弱电理论正如其名,认为W及Z玻色子是负责传递弱核力

的基本粒子。

20世纪80年代，这些玻色子陆续被发现。

如今，物理学家相信，在宇宙生命初期，即大爆炸发生后不久，强核力、弱核力和电磁力作用就相互统一了。三种力源于载力粒子的相互交换，就像W和Z玻色子。每种基础力都有对应的玻色子，强力是由胶子承载的，电磁力由光子承载。粒子物理学标准模型于20世纪70年代开始发展，解释了电磁力、强力和弱力，以及其他力载子如何作用于实物粒子。这个模型很奏效，但也有缺陷。看起来，依旧缺乏方法将引力和量子理解结合起来，引力并不是标准模型的一部分。粒子物理学范畴内，引力的影响十分微弱，以至于可以被忽略，这意味着，对于标准模型的预测来说，排除引力不会产生影响。

弦理论

目前，弦理论最有希望成为万有理论的候选者。原因不仅是它从微观层面囊括了引力理论，它还为宇宙的基础结构提供了一种统一的、具有持续性的描述，将四种基础力、标准模型的基本

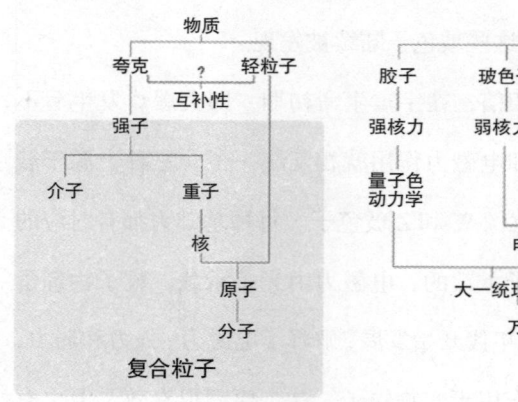

```
                    基本粒子
         物质                      载力粒子
      夸克  ?  轻粒子      胶子   玻色子   光子   引力子
           互补性
         强子              强核力   弱核力  电磁学   引力
      介子   重子          量子色          量子电   量子引
              核          动力学          动力学   力学
              原子                电弱统一理论
              分子                  大一统理论
         复合粒子                    万物理论
                                      力
```

粒子结合为一体。

1984年12月，位于帕萨迪纳的加州理工学院教授约翰·施瓦茨和来自伦敦大学玛丽皇后学院的教授迈克尔·格林共同发表了一篇论文，指出弦理论可以弥合广义相对论和量子力学之间的数学鸿沟。

弦理论的核心是，所有不同的基本粒子都只是第一个基本物体：弦的不同表现。自20世纪初，大自然的基本粒子，例如电子、夸克、中微子被描述为不存在内部结构的最小单位。弦理论挑战了这一观点。弦理论认为，在每个粒子中央，都存在一个微小的、震动的、线状的弦。一个粒子之所以与其他粒子在质量、电流和其他特性上有所不同，都是因为它们内部的弦的不同振动。就像

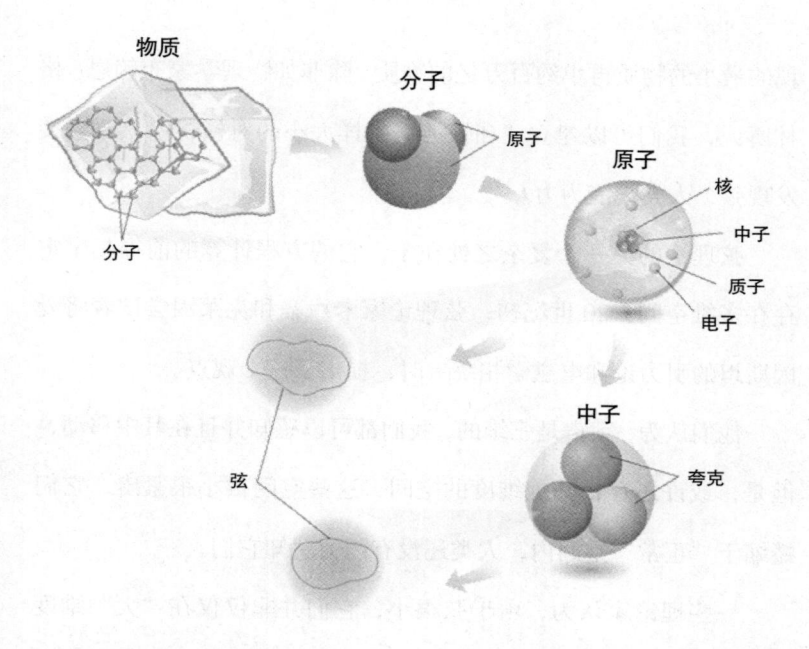

小提琴家拨动琴弦一样，大自然通过一维空间中次原子弦的频率震动来体现所有原子领域中所有粒子的存在。

有趣的是，弦理论的"注解"之一就是引力子。根据量子物理学，引力子是一种假设出的粒子，它将引力从一个地方运载至另一个地方，就像光子对电磁力的作用一样。这看似为引力和量子力学提供了一个合作的渠道。

所以，弦是"真实的"吗？例如，我们可以在欧洲核子研究组织的大型强子对撞机中找到它吗？不幸的是，这是不可能的。弦理论的数学运算需要比世界最强大的粒子加速器迄今为止所发现的最小的物质再小约百万亿的物质。除非如物理学家布赖恩·格林所说，我们可以建立"和银河系一样大小的对撞机"。要直接发现弦，人类无能为力。

弦理论的另一个复杂之处在于，它的方程计算的前提是宇宙存在多维空间。20世纪初，弦理论家卡卢寨和克莱因尝试着将爱因斯坦的引力论和电磁学相统一时，提出了这个观点。

他们认为，宇宙是三维的，我们都可以感知并且在其中移动，但是，或许还存在其他维度的空间，这些空间很小很紧凑，它们蜷缩于"正常"空间内，人类还没有能力感知它们。

一些理论家认为，由于弦很小，它们并非仅仅在"大"维度空间中振动，也在小空间中振动。他们大胆地预测，正是这些振动决定了基本粒子的特性，我们可以通过实验探测到这些特性，维度空间的形状决定了这些振动频率，根据这些信息，我们或许还能够绘制出神秘的空间地图。

不幸的是，可用数学方法计算出的多维空间的形状数量可达数十亿。理论家李奥纳特·苏士侃认为，如果空间无形状不是谬误，那么，所有空间或许都没有形状。或许在自己所属的独特宇宙中，所有的形状都是正确的。我们的宇宙只是一个宽阔的、或许无限大的集合体。额外维度的形状决定了每一个宇宙的特征。"我们的"

什么是引力——弯曲的时空，还是引力子？

目前，理论家认为，引力是时空弯曲的结果，而时空弯曲是由时空中的物质，或引力粒子交换所引起的，两者都是符合逻辑的；我们可以想象，电磁学来源于电磁场的波动或光子交换。问题在于，虽然多亏了爱因斯坦和广义相对论，物理学家已经为引力找到了可行的解决方案，该方案设计引力场，引力作为时空的弯曲曲线，目前，涉及引力子的量子力学还没有被证实奏效，并且像爱因斯坦的实验一样能够得到验证。弦理论认为，引力子能够存在，但是，尚未有实验能够证明它们的存在。

宇宙的潜藏维度或许能够使物理定律具有了实用性，这些定律也是支撑恒星和星系、作为化学元素的生命存在的原因。在其他的维度中，或许适用的是不同的定律，宇宙或许是一个全然不同、或许不存在生命的地方。

这些令人感到激动的想法反映了宇宙学的发展历程，宇宙学认为，大爆炸或许不是一个特例。相反的，根据理论，宇宙曾经发生过无数次的爆炸，从而无限膨胀，这也被称作多重宇宙，如果苏士侃是对的，那么每一个宇宙都存在独一无二的、紧凑的维度。

真相是这样吗？理论上说，答案是肯定的。虽然我们还无法确定。正如我们所见到的，科学发展的历史说明，我们不能否认那些尚超出我们掌控的理念，仅仅因为它们与我们所期待的"常识"不符。若有了这样的态度，我们就不可能拥抱量子力学或爱因斯坦的相对论了。

爱因斯坦会怎么做？他是否会接纳弦理论运算，发现其中缺陷，拒绝弦理论，就像他对待量子力学的态度一样？确信"上帝不掷骰子"的他是否会接受无限宇宙的概念，而无限宇宙是由一排排宇宙骰子决定的？很可能，他会对这一切感到着迷。

在1953年写的一封信中，爱因斯坦解释道："每个个体……如果他不想要在诸多可能性构成的迷宫中迷失，都必须对自己的思维方式保持克制。然而，没有人敢确信，自己找到了正确的路，我也不外乎是其中之一。"

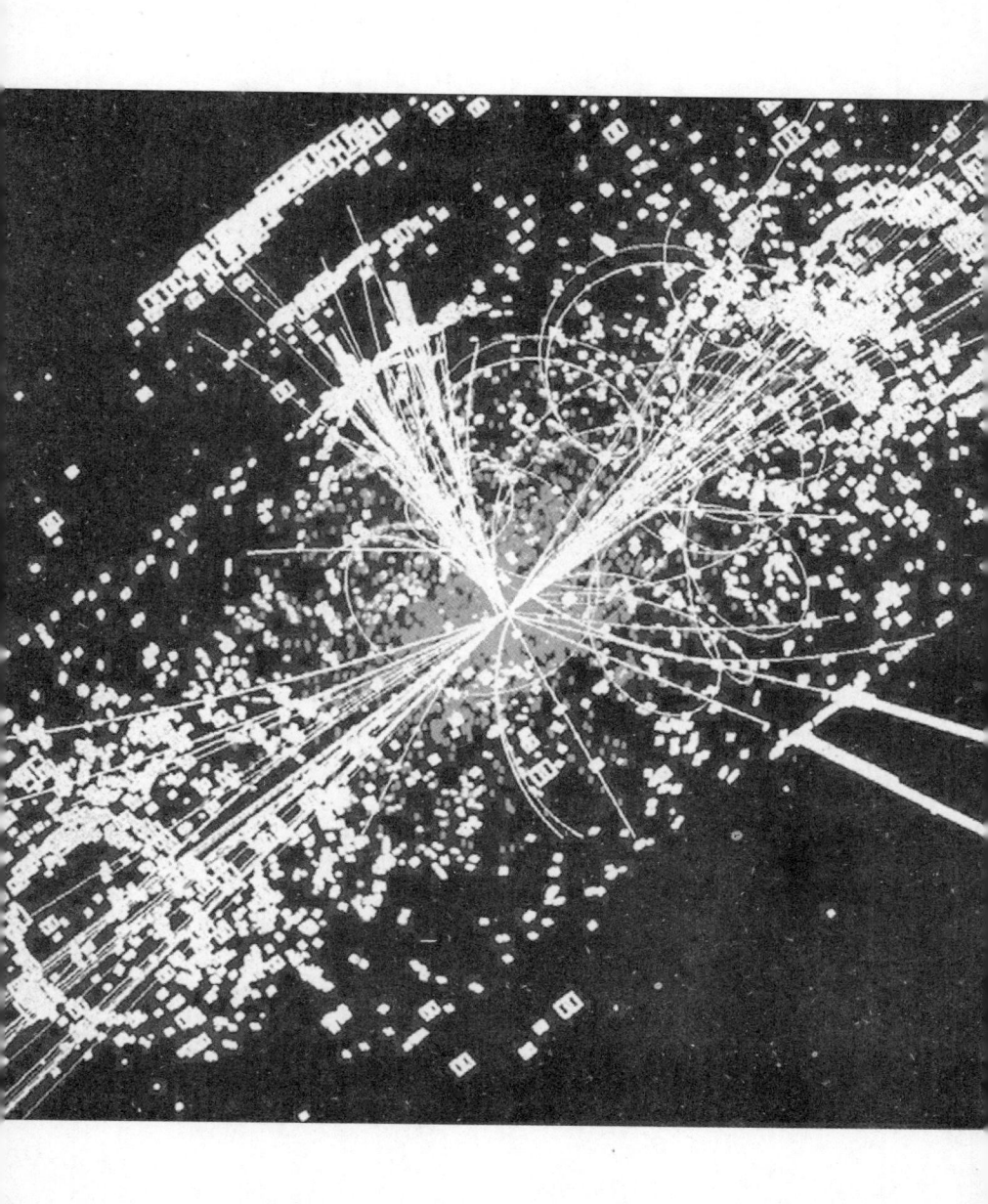

第二十三章　我们能否找到万有理论？